Jean Laffitte: Familie als Berufung

fe

Die Orignalausgabe erschien 2011 in französischer Sprache unter dem Titel LE CHOIX DE LA FAMILLE bei *L'échelle de Jacob* (Dijon).
Die Übersetzung ins Deutsche besorgten Hans und Gertrud Zier.

Impressum
1. Auflage 2012

Hauptstraße 22, 88353 Kisslegg
Gestaltung: Renate Geisler
Druck: ScandinavianBook
Printed in EU
ISBN: 978-3-86357-034-7

Jean Laffitte

Familie als Berufung

Für Robert und Jeanne

Beim abstrakten Begriff der Vaterschaft (...) werde ich wenigstens begreifen, dass ich gar nicht über eine absolute Existenz verfüge, dass ich bin, ohne dass ich es von vornherein gewollt oder geahnt hätte, dass ich die Leib gewordene Antwort bin auf den doppelten Anruf, den zwei Wesen einander im Unbekannten zugeworfen haben und den sie zweifelsohne über sich hi-naus an eine unbegreifliche Macht gerichtet haben, die sich nur im lebenspendenden Vorgang erfahrbar macht. Ich bin diese Antwort, zunächst ohne Form, die aber nach und nach in dem Maße, wie sie sich entwickelt, sich als Antwort und Urteilsspruch erkennen wird; ja, ich werde unweigerlich zu dieser Entdeckung geleitet, dass ich selbst ein Urteilsverkünder bin über diejenigen, die mich ins Dasein gerufen haben, und zwar durch die Tatsache, dass ich bin, der ich bin. Und im gleichen Geschehen wird eine Unendlichkeit von neuen Beziehungen geschaffen zwischen ihnen und mir.

Gabriel Marcel, *Homo Viator*

Inhalt

Vorwort

Bischof Jean Laffitte wuchs in einer Großfamilie als letztes von 12 Kindern auf. Er verbrachte seine Kindheit in einer Kleinstadt in den französischen Pyrenäen. Heute ist er Sekretär des *Päpstlichen Rates für die Familie* und als solcher ein viel beschäftigter Förderer von Ehe und Familie auf Weltebene. Denn die im Jahre1981 erfolgte Gründung dieses römischen Dikasteriums (staatlicherseits vergleichbar etwa mit einem Familienministerium) durch Papst Johannes Paul II. hat die Ehe- und Familienaktivitäten des Vatikans globalisiert.

In diesem Interview-Buch spricht Bischof Laffitte über viele brennende Themen von Ehe und Familie mit großer sachlicher Kompetenz, aber auch mit der Wärme eines Engagierten, dem die Sache und die Menschen am Herzen liegen. Es ist unverkennbar, dass diese Liebe zur Familie ihn mit Papst Johannes Paul II. verbindet und von diesem *Papst für die Familie* (wie er sich selbst einmal bezeichnete) herkommt.

Bischof Laffitte scheint prädestiniert für alle Fragen, die sich heute im Umkreis der Ehe, der Ehevorbereitung, der Familie und Kindererziehung stellen. Die Erfahrungen im Kreise seiner zahlreichen Geschwister, der Eltern seiner Nichten und Neffen (die sich regelmäßig zu Großfamilienfesten treffen, bei denen dann über 100 Personen in den Pyrenäen zusammen feiern), seine beruflichen Erfahrungen als Bank-Angestellter u. a. in Frankfurt, dann nach Bekehrungserlebnis und Theologiestudium seine pastoralen Erfahrungen als Priester, die Beheimatung in der *Gemeinschaft Emmanuel*, entscheidende Begegnungen mit Person und Lehre Papst Johannes Pauls II., sowie seine gründlichen wissenschaftlichen Studien – all das erlaubt ihm, in die Tiefen menschlicher Probleme zu dringen, sie verständnisvoll zu analysieren und aus dem reichen Schatz kirchlicher Lehre Lösungen anzubieten. Einige kurze biographische Daten erhellen diesen Hintergrund:

Diplom in Politikwissenschaften; Promotion in Moraltheologie; Oberer der Gemeinschaft und Wallfahrtsleiter in Paray-le-Monial (1990 – 1994);

Priester in der Pfarrseelsorge; Lehrer und Professor für theologische Anthropologie und Ehespiritualität am *Institut Johannes Paul II. für Studien über Ehe und Familie* in Rom und anderen Ländern; dann Vize-Präsident dieses Instituts; Konsultor der Glaubenskongregation (2003); Untersekretär des *Päpstlichen Rates für die Familie* (2005 – 2006); Vize-Präsident der *Päpstlichen Akademie für das Leben* (2006 – 2009); seit 2009 Sekretär des Familienrates.

Er hat zahlreiche Bücher verfasst, u. a. *L'offense désarmée* (Offensive ohne Waffen); *Le Pardon transfiguré* (Die verklärte Vergebung); zusammen mit Livio Melina, dem jetzigen Präsidenten des Instituts Johannes Paul II. *Amour conjugal et Vocation à la Sainteté* (Eheliche Liebe und Berufung zur Heiligkeit); *Le choix de la famille* (Familie als Berufung; in mehreren Sprachen übersetzt, hier erstmals in Deutsch); und 2012 *Le Christ destin de l'homme. Itinéraires d'anthropologie filiale* (Christus - Bestimmung des Menschen. Wege einer Anthropologie der Gotteskindschaft).

Das Buch *Familie als Berufung* ist in Frankreich ein Renner. Deshalb freuen wir uns, dass Gertrud und Hans Zier sich der Aufgabe der deutschen Übersetzung unterzogen haben und danken ihnen an dieser Stelle, auch im Namen des Autors, von Herzen für diesen selbstlosen Einsatz im Dienste der Familie. Möge das Buch in Deutschland so viele Leser finden wie in Frankreich und mögen viele junge und alte Eheleute, aber auch Jugendliche, die noch vor der Ehe stehen, aus den tiefen Gedanken des Buches Orientierung, Bestärkung oder auch Korrekturen für ihr eheliches und familiäres Leben erfahren.

Prof. Dr. Norbert und Renate Martin
Mitglieder des *Päpstlichen Rates für die Familie*
Pfingsten 2012

I.

Ihr persönlicher Werdegang

„Denn der Sohn Gottes, Jesus Christus, der euch durch uns verkündigt wurde, (...) ist nicht als Ja und Nein zugleich gekommen; in ihm ist das Ja verwirklicht. Er ist das Ja zu allem, was Gott verheißen hat. Darum rufen wir durch ihn zu Gottes Lobpreis auch das Amen." (2 Kor. 1,19–20)

Pierre und Véronique Sanchez: Exzellenz, bevor wir einige Aspekte zu Ehe und Familie ansprechen, könnten Sie uns sagen, wer Sie sind und welche Aufgaben Sie haben. Wir haben Sie gebeten, dieses Buch herauszugeben, da wir bei einer Begegnung erkannten, dass Sie weder hinsichtlich ihres Studiums und Ihrer Arbeit noch in Bezug auf Ihren Glauben ein einfacher kirchlicher Mitarbeiter sind ... Wie jeder stammen ***S****ie aus einer Familie, und zwar aus einer kinderreichen. Können Sie uns darüber etwas berichten?*

Bischof Jean Laffitte: Ja, ich komme aus einer wirklich kinderreichen Familie. Mein Vater war Chirurg, und meine Eltern, die inzwischen beide verstorben sind, haben ganz gewiss jedem von uns die Liebe zum Leben und die Werte der Familie mitgegeben. Ich sage dies nur, weil ich weiß, dass sie in der Haltung lebten, alle Kinder anzunehmen, die der Herr ihnen anvertrauen wollte. Sie hatten zwölf Kinder, und ich bin das zwölfte! Wir sind sechs Mädchen und sechs Jungen. Ich habe viele Nichten und Neffen, Großnichten und Großneffen. Damit Sie sich eine Vorstellung machen können: Meine Eltern haben heute einhundert Nachkommen. Trotz vieler Aufgaben der Einzelnen kommt es vor, dass wir uns anlässlich eines Familienfestes in sehr großer Anzahl treffen.

Wir lebten in einer Stadt in den Pyrenäen, in Oloron-Sainte-Marie. Der Beruf nahm meinen Vater sehr in Anspruch. Er arbeitete in zwei Krankenhäusern, die 32 km voneinander entfernt lagen, in Oloron im Béarn und in Mauléon im Baskenland. In unserer Familie gibt es eine gewisse Ärztetradition. Mein Großvater mütterlicherseits war auch Chirurg und meine Onkel von dieser Seite waren Fachärzte. Im Folgenden ist es leicht, die Vergangenheit zusammenzufassen, aber ich bin überzeugt, dass ich in diesem Zusammenhang das Interesse für die Werte der Familie erhalten habe. Als ich jung war, dachte ich, dies ginge von alleine, ich dachte nicht darüber nach. Ein starkes, christliches Engagement war notwendig, um zu realisieren, wie sehr die Familie im Herzen des sozialen und christlichen Lebens eingebunden ist. Als Kinder hatten wir das Beispiel einer großen Liebe des Lebens unserer Eltern vor Augen; daher rührt vielleicht dieses Interesse für alle Fragen, die das menschliche Leben berühren, was uns allen gemeinsam ist.

Über diese Werte der Familie hinaus und jenen, die das menschliche Leben betreffen – und das ist ein ganz wesentlicher Punkt – gaben uns unsere Eltern eine tiefe christliche Erziehung. Beide waren praktizierende Katholiken. Sooft sie konnten, besuchten sie die heilige Messe, auch unter der Woche. Das ist unglaublich, wenn man an die beruflichen Herausforderungen meines Vaters denkt und an die Arbeit, die von meiner Mutter für die gute Führung einer so großen Familie abverlangt wurde. Die Kraft zu finden, morgens um 7 Uhr zur Messe in die große Kathedrale von

Oléon zu gehen, war manchmal heroisch, besonders, wenn meine Eltern nachts durch einen Notfall gestört wurden. Das ist etwas, was man als Kind nicht so richtig realisiert, aber als Erwachsener merkt man, dass man ein Beispiel an Treue und Geradlinigkeit vor sich hatte: Was unsere Eltern uns lehrten, lebten sie auch. Natürlich hat eine kinderreiche Familie ihre Traditionen und Riten, ihre Herausforderungen und Schwierigkeiten. Es wurde ganz konkret eine Grunderfahrung gelebt, die aus mehreren Elementen bestand: die Liebe unserer Eltern und gleichzeitig die Bindungen unter uns Geschwistern.

Die christliche Erziehung ging in erster Linie über das Beispiel. Wir sahen nie, dass unsere Eltern Kompromisse mit der Liebe Christi und der Kirche eingingen. Wir waren umgeben von einem Klima christlicher Einfühlung und Vertrautheit mit dem Leben der Kirche. Große Familienfeste gab es anlässlich religiöser Feste: Taufen, Kommunionen und Hochzeiten. Das ist die klassische Erziehung der Fünfziger- und Sechzigerjahre mit allem Ernst, den man dem Glauben beimisst, auch mit einem manchmal etwas pessimistischen Blick, was eine kleine Besonderheit im Südwesten Frankreichs ist. Meine Eltern waren jedoch zutiefst optimistisch: Sie vertrauten der göttlichen Vorsehung. Sie achteten darauf, die Werte im kulturellen Kontext des Frankreichs jener Jahre zu vermitteln. Zu den familiären Wurzeln kann ich sagen, dass mein Vater aus dem Béarn stammt, aus Sallepisse, einem kleinen Dorf bei Orthez in der Region Pyrénées-Atlantique. Seine Familie war seit vielen Generationen Grundeigentümer. Er hat viel gearbeitet, wurde sogar Erster beim Abschlussexamen des Internats von Bordeaux vor dem Krieg, bevor er allmählich eine medizinische Größe im Südwesten Frankreichs wurde. Er war auch Präsident der französischen Studenten. Mütterlicherseits haben wir Wurzeln aus den Regionen Périgord und Charentes und auch aus Lothringen von meiner Großmutter her.

Welches sind die Fähigkeiten, die Ihre Erziehung gefördert haben und die Ihnen im Jugendalter und noch heute in Ihrer Arbeit im Familienrat am meisten nützen?

J. L. Zuhause sah und erlernte ich die Beachtung der einfachen Menschen. Ich bemerkte nie irgendwelche Überheblichkeit oder Herablassung. Die bearnesische Bevölkerung dieser mittelgroßen Stadt war zum größten Teil ländlich. Die Patienten, die mein Vater betreute, waren vor allem Landwirte und auch Arbeiter, denn die Stadt hatte mehrere Fabriken und Manufakturen. Bei meinen Eltern sah ich immer einen außergewöhnlichen Respekt vor den einfachen Leuten. In einer Stadt der Fünfzigerjahre war die Familie des Chirurgen natürlich eine angesehene Familie, aber das drückte sich bei uns nicht durch ein mondänes Leben aus.

Die zweite Sache, die ich gesehen und erlebt habe, war das Ernstnehmen der Fragen um Gott. Jeder mag seine Schwierigkeiten mit dem Glauben und der religiösen Praxis haben, nicht alle Wege verlaufen glatt, aber es gab keine Gleichgültigkeit in diesem Punkt: Wir konnten die Religion nicht als eine oberflächliche Frage betrachten.

Eine andere Tugend, die wir bei unseren Eltern beobachten konnten, war eine strenge Redlichkeit. Wenn ich mit einem Wort sagen soll, was mich persönlich noch heute berührt, dann ist es ihre Geradlinigkeit. Unsere Eltern waren redlich und sie waren auf das Leben ausgerichtet. Es mag Ungeschicklichkeiten gegeben haben, aber es gab keine Unehrlichkeit.

Wie teilten sich Ihre Eltern die Erziehungsverantwortung? Haben Sie konkrete Beispiele zu dieser Frage?

J. L. Unser Familienmodell war einfach: eine große und starke Persönlichkeit unseres Vaters und ein aufmerksames, tägliches Dasein unserer Mutter. Unter ihnen bestand sowohl eine Art Ergänzung wie auch eine tiefe Einheit. Ich erlebte nie, dass sich einer über die Entscheidung des anderen hinwegsetzte. Für uns Kinder gab es eine Übereinstimmung in dem, was uns vermittelt wurde. Ich sage nicht, dass das immer leicht war. Der Gehorsam war kein leeres Wort und die Autorität wurde nicht in Frage gestellt. Man muss sagen, dass man in einem anderen kulturellen Kontext lebte. Trotzdem bestand eine tiefe innere Übereinstimmung dadurch, dass beide Eltern Autoritätspersonen waren, auch wenn sich diese Autorität bei Vater und Mutter auf unterschiedliche Weise zeigte.

Welche Qualitäten Ihrer Mutter haben Sie am meisten geprägt?

J. L. Wie für alle Mütter und besonders in kinderreichen Familien beginnt der Alltag früh am Morgen und endet spät am Abend. Stellen Sie sich zwölf rasch aufeinander folgende Kinder vor. In den Fünfziger- und Sechzigerjahren gab es noch nicht all die Hilfen, die heute den Müttern zur Verfügung stehen. Ich möchte sagen, dass unsere Mutter einen ganz besonders liebenswürdigen und persönlichen Sinn fürs Dienen hatte. Auffallend bei ihr war ein Wohlwollen von Grund auf und eine dienende Güte und dazu mischte sich eine große Zurückhaltung im Respektieren jedes Einzelnen und seiner Privatsphäre. Jedes ihrer Kinder betrachtete sie ein wenig als einzigartig. Sie war eine große Persönlichkeit an Glaube und Güte.

Können Sie uns von Ihren Beziehungen zu Ihren Geschwistern erzählen?

J. L. Die Tatsache, dass wir nah beieinander waren, hat starke Bindungen geschaffen. Als Jüngster profitiert man von allen Erfahrungen der anderen, die einem die Türen geöffnet haben. Für das Kind ist jedes der Geschwister eine Art Vorbild in einer bestimmten Richtung. Da wir altersmäßig nah beieinander waren, hatte ich die Möglichkeit persönlicher und tiefer Beziehungen mit jedem meiner Geschwister. Ich muss sagen, dass es eine tiefe und große Freude ist, wenn ich eines meiner elf Geschwister sehe. Diese Freude ist noch umso größer, wenn dazu die unterschiedlichen Familien, die zu jedem von ihnen gehören, sich mit der jungen Generation treffen. Das ist ein Geschenk Gottes, das jedem von uns guttut. Wir treffen uns ziemlich oft.

Erinnern Sie sich an etwas Besonderes, worunter Sie in Ihrer Kindheit oder Jugend gelitten haben, was Ihr Heranwachsen als junger Mann bestimmt hat? Was half Ihnen, dieses Leid zu überwinden? War der Weg direkt und eben?

J. L. Ich persönlich war als Kind und Jugendlicher mit der Krise konfrontiert, die die Kirche der Sechzigerjahre durchmachte. Ich litt darunter in dem Maße, wie etwas nicht klar artikuliert wurde. Die religiöse Erfahrung meiner Kindheit war schön und stark. Ich war lange Jahre vor dem Zweiten Vatikanischen Konzil Ministrant. Nach der Jugendzeit habe ich mich unmerklich von der religiösen Praxis entfernt. Später musste ich mir den Glauben wieder neu erobern, den ich einmal bekommen hatte. Danach wurde ich mir sehr bewusst, dass ein Leben ohne den täglichen Kontakt mit Gott – sei es im Gebet, sei es aus den Sakramenten – Zweifel oder Leid hervorrufen kann. Wenn man erwachsen wird, schafft ein Sich-Entfernen vom Glauben im persönlichen Bereich Unsicherheit. Dies kann eine manchmal schmerzhafte Suche sein.

Haben Sie das Gefühl, dass Sie trotz allem in Ihrem Innern den roten Faden des Glaubens nicht verloren hatten?

J. L. Ja, trotz allem; aber in dem Augenblick erlebt man dies wie eine Folge von zerbrochenen Banden.

Gibt es Ereignisse oder Begegnungen, die in Ihrer Kindheit und Jugend eine entscheidende Rolle spielten beim Ergreifen Ihres heutigen Weges?

J. L. Ja. Zunächst alles, was ich in der Kindheit erhalten habe. Es gibt einige Priesterpersönlichkeiten und auch manche tief religiöse Freunde. Des Weiteren ist für mich ein bedeutender geistlicher Einfluss an einen Ort gebunden, an das Heiligtum Unserer Lieben Frau von Bétharram, in der Nähe von Lourdes. Dort war ich Internatsschüler, und ich fühle mich der geistlichen Gestalt des heiligen Michael Garicoïts sehr nahe. Natürlich gibt es auch Lourdes und ein anderes Marienheiligtum, dem ich sehr verbunden bin: Unsere Liebe Frau von Sarrance im Aspe-Tal. Später, als ich erwachsen war, gab es zwei entscheidende Ereignisse: die Begegnung mit Johannes Paul II., die für mich eine fortwährende geistliche Quelle wurde, und der Eintritt in die Gemeinschaft Emmanuel, der ich fast 30 Jahre angehörte.

Aber vor diesen herausragenden Erfahrungen möchte ich auch erwähnen, dass ich der Patensohn eines Klerikers bin: Mein Patenonkel war der Bischof von Aire und Dax, Bischof Clément Matthieu, der in seiner Diözese eine tiefe Spur hinterließ und der im Jahr 1963 starb. Ich erinnere mich an einige Begegnungen mit dieser Persönlichkeit, die für mich als Kind einschüchternd waren. Bischof Matthieu war vor dem Krieg ein Schüler des Kardinals Mercier in Louvain. Er war ein hervorragender Dogmatikprofessor. Hier liegt möglicherweise eine geistige Verwandtschaft. Warum dieser Bischof? Einfach deshalb, weil er meine Eltern getraut hat, mit denen er freundschaftlich verbunden war. Er sagte einmal zu ihnen: „Ich werde der Pate eures zwölften Kindes sein.“ Und da meine Eltern zwölf Kinder bekamen, nahmen sie ihn beim Wort!

Wie ist in diesem familiären Umfeld Ihre Berufung gewachsen? Wie wurde sie von Ihren Eltern und Geschwistern aufgenommen? Wie hat Sie Ihre Familie auf Ihrem Berufungsweg zum Priestertum unterstützt?

J. L. Sie machte sich bemerkbar im Erwachsenenalter in dem Zusammenhang, als ich den Glauben nicht praktizierte, wovon ich schon erzählt habe. Ich bin heute noch sehr einfühlsam den Personen gegenüber, bei denen ich merke, dass sie an Gott glauben, ohne die innere Verbindung zwischen Glauben und einer regelmäßigen Praxis zu sehen. Das ist etwas, was mich tief berührt und was auch meine pastoralen Kontakte in meinem priesterlichen und bischöflichen Dienst beeinflusst, besonders auch beim Unterweisen. Mit zweiunddreißig Jahren erlebte ich während einer Reise nach Rom in der Karwoche eine sehr starke Bekehrung. Es war eine sehr persönliche und lebendige Begegnung mit dem auferstandenen Christus in der Osternacht, die der spätere selige Johannes Paul II. zelebrierte. Der jahrelang verschüttete Glaube wurde ein lebendiger Glaube, zentriert auf die Begegnung mit der Person Christi. Von diesem Augenblick an wurde alles anders. Damals arbeitete ich in Frankfurt in Deutschland bei einer Bank. Der Wunsch, Priester zu werden, kam sehr schnell. Der Bischof von Autun schickte mich nach Rom in das französische Priesterseminar. Meine Familie nahm diese Berufung wohlwollend auf. Ich kann nicht sagen, in welchem Punkt meiner Berufungsgeschichte meine Familie mir geholfen hat, es war wohl im Gebet als auch durch die geschwisterliche

Nähe. Das war auch eine sehr große Freude für meine Mutter. Mein Vater war schon tot.

Und die Jahre, die dieser Wende in Ihrem Leben vorangingen?

J. L. Ich studierte Politikwissenschaft in Toulouse, bevor ich zwei Jahre in Kamerun in der Entwicklungshilfe Französisch, Geschichte und Geografie unterrichtete. Diese Jahre gaben mir eine erste Öffnung für das Internationale und zugleich das Bewusstsein, dass die Welt unendlich viel größer ist, als man sie als Student in einer Universitätsstadt wahrnimmt. Anschließend erlernte ich Sprachen durch lange Aufenthalte in Deutschland, dann in Italien, in Schottland und schließlich in Spanien. Insgesamt habe ich eine vierjährige Reise unternommen. Das hat mein Leben wesentlich mitgeprägt. Damals hat es meinen Eintritt in das aktive Berufsleben sehr erleichtert. Aber heute erweist sich diese Wahl als providentiell, da ich in meinem momentanen Amt in diesen unterschiedlichen Sprachen verhandeln muss.

Berufen zum Priester – oder zum Ordensstand?

J. L. Wirklich zum Priester. Der Wunsch, die heilige Eucharistie zu feiern und die Versöhnung Christi zu schenken, war sehr klar mit dem Wunsch verbunden, das Wort Gottes zu künden und es zu bezeugen. Die Wichtigkeit des Heiligen Geistes im christlichen Leben sowie die Kraft des Zeugnisses der Bruderliebe entdeckte ich in der Gemeinschaft Emmanuel. Auch wurde die Entdeckung von Paray-le-Monial mit der Botschaft der heiligen Margarete Alacoque vom Herzen Jesu sehr bedeutsam für mich. Dann folgten wieder Universitätsstudien mit dem Eintritt in das Priesterseminar. Ich machte meine philosophischen und theologischen Studien, zuerst an der Gregoriana, dann für das Lizentiat und das Doktorat in Moraltheologie am Institut Johannes Paul II.

Waren Sie die „Erste Generation", die am Institut Johannes Paul II. ausgebildet wurde?

J. L. Auf eine bestimmte Art ja, zumindest, was die französischen Studenten angeht. Wie viele hatte ich auch das Glück, von den unvergesslichen Vorlesungen der Professoren Carlo Caffarra und Angelo Scola, den beiden ersten Präsidenten des Instituts, zu profitieren. Sie verliehen dieser Institution ihre derzeitige Gestalt. Ich profitierte auch viel von Stanislas Grygiel, der mein Doktorvater wurde. Als Schüler und Vertrauter von Karol Wojtyla begleitete er meine Forschung, die der theologischen Anthropologie der Versöhnung gewidmet war.

Und anschließend sind Sie Professor am Institut Johannes Paul II. geworden?

J. L. Als Student kannte ich mehrere andere Professoren des Instituts, wie z. B. den Bibelwissenschaftler Ignace de La Potterie, den Lehrer in Patristik Henri Crouzel, die Theologen Inos Biffi, Ramón García de Haro, den Philosophen Josef Seifert und viele andere. Es ist unmöglich, sie alle zu nennen. Als ich selbst Professor wurde, habe ich in schlichter Brüderlichkeit und offener Freundschaft die Bekanntschaft mit der nachfolgenden Generation von Lehrenden gemacht: Livio Melina, derzeitiger Präsident, Marc Ouellet, Mario Binasco, Sergio Belardinelli, Claudio Giuliodori, Gilfredo Marengo, Giovanni Reali, Bruno Ognibeni, Giovanni Salmeri, José Noriega, Jaroslav Merecki, José Granados und viele andere, besonders in anderen Disziplinen. Ich denke auch an Carl Anderson und David Schindler aus Washington, Anthony Fisher und Tracey Rowland in Melbourne, Joao Carlos Petrini in Salvador de Bahia, Juan José Perez Soba in Madrid, Juan Antonio Reig Plaa in Valencia. Heute sind neue Generationen von Lehrern da, von denen viele selbst am Institut ausgebildet wurden. Viele der ehemaligen Studenten bekleiden heute hohe verantwortliche Ämter in der Kirche.

Neben der persönlichen Prägung, die diese oder jene Ausbildung auf die Studenten bewirken konnte, war das Institut und ist es immer noch für jeden von uns, sei er nun Student oder Professor, der Inbegriff einer einzigartigen intellektuellen und menschlichen Erfahrung. Das verdanken wir dem Reichtum an Inspiration seines Begründers, den wir heute als den seligen Johannes Paul II. verehren. Es kommt hier zu einer echten Weitervermittlung der Inhalte in Moraltheologie, in philosophischer und theologischer Anthropologie, in der Sakramentenlehre und auch in den Humanwissenschaften. Ich selbst unterrichte weiterhin in Ehespiritualität. Das Institut Johannes Paul II. hat neulich seinen dreißigsten Geburtstag gefeiert.

Waren Sie in einem anderen Dienst, bevor Sie lehrten?

J. L. Ich wurde 1989 in Autun zum Priester geweiht. 1990 hat mich der Bischof von Autun, Monseigneur Raymond Séguy, zum Oberen der Kapläne von Paray-le-Monial nominiert und mir zwei ländliche Pfarreien nahe bei Charolles anvertraut. Er hat mich auch gebeten, eine Doktorarbeit zu schreiben. So war der Anfang meines Dienstes sehr ausgefüllt mit der Betreuung der Pilger von Paray-le-Monial. Nach meinem Doktorexamen war ich nacheinander Assistent bei Professor Caffarra, dann ein Jahr bei Professor Scola. Im Jahre 2003 hat mich Johannes Paul II. zum beratenden Mitglied an der Glaubenskongregation und im Jahre 2005 zum Untersekretär am Päpstlichen Rat für die Familie nominiert. Benedikt XVI. hat mich an die Päpstliche Akademie für das Leben berufen, wo ich mit Bischof Elio Screggia gearbeitet habe, der der große Spezialist für Bioethik in der katholischen Kirche ist. Die Päpstliche Akademie für das Leben, die von Johannes Paul II. ins Leben gerufen wurde, beschäftigt Wissenschaftler, Philosophen, Theologen mit den Fragen, die die Ethik des Lebens betreffen.

Schließlich hat am 22. Oktober 2009 Papst Benedikt XVI. Sie zum Sekretär des Päpstlichen Rates für die Familie ernannt. Sie wurden im gleichen Zug zum Bischof ordiniert durch Kardinalstaatssekretär Bertone im Petersdom am 12. Dezember.

J. L. Ja.

Könnten Sie uns erklären, was in Ihrem Aufgabenbereich typisch ist für einen Bischof? Sie sind zweifelsohne Bischof, weil Sie ein wichtiges Amt bekleiden. Aber sind Sie nicht eher Bischof, um eine bischöfliche Funktion zu erfüllen?

J. L. Ich würde sagen, was zunächst wichtig ist und den persönlichen Einsatz am meisten fordert, ist die Tatsache, dass man in die Nachfolge der Apostel gestellt ist. Die Apostel wurden miteinander berufen, sie bildeten das Apostelkollegium. Man versteht, wenn man einmal Bischof ist, dass die Berufung in den Episkopat und die Ordination zum Bischof einen einschreibt in die Zahl derer, die das Apostelkollegium verlängert: Das ist das Bischofskollegium. Das ist keineswegs eine theoretische Sache. Das ist sehr praktisch: Man ist in Verbindung mit dem Ganzen der anderen Bischöfe von allen Enden der Erde. Da existiert eine sehr brüderliche Verbundenheit. Schon zu Beginn ist man eingebunden in eine Kollegialität, und das begreift man sehr schnell. Es ist da etwas, was einem vorausgeht und vereint und an das man vorher nie gedacht hat.

Aber ist das nicht einfach ein Dazugehören zu einem „Körper"?

J.L. Nein! Man ist aufgenommen in einen „Körper", aber auf lebendige Weise. Die anderen Bischöfe sind keine Kollegen. Sie sind Brüder im Epis-kopat. Die Sicht, die man von der Kirche hat, entwickelt sich notwendigerweise in einem liebenden Sinn, im Sinne des tiefen Respektes vor den Berufungen und den Sendungen. Denn es gibt zahlreiche und verschiedene Berufungen in der Kirche, in den sehr verschiedenen Diözesen, in den Teilkirchen inmitten der verschiedenen Kulturen und Länder und schließlich in den sehr verschiedenen kirchlichen Diensten.

Und die Tatsache, dass Sie in Rom sind, qualifiziert ebenso Ihr Amt?

J.L. Dieser bischöfliche Aspekt wird vervollständigt und bekommt seine Eigenart durch die Tatsache, dass man in Rom zusammen ist mit dem Nachfolger des Ersten der Apostel. Eine neue Bindung wird geschaffen, eine brüderliche Bindung im Episkopat mit dem Papst, mit allem, was man sich an Achtung, Respekt, Unterordnung unter die Person vorstellen kann, die der Nachfolger von Petrus ist, und an dessen außerordentliche Sendung.

Wird diese lebendige Bindung an Petrus und seinen Nachfolger hier in Rom nicht auf tiefere Weise empfunden?

J. L. Ich bin nicht als residierender Bischof in einer Diözese nominiert worden und in diesem Sinne habe ich mehr Gelegenheit, die Dinge sich entwickeln zu lassen, logischerweise. Mein jetziger Dienst richtet sich an alle Kirchen. Es ist ein universeller Dienst, auch in der geografischen Bedeutung des Wortes. Sicher, ich nehme alle Aspekte der Seelsorge wahr, da ich ja auch viel reise. Ich besuche zahlreiche Diözesen, ich nehme als Bischof an vielen Gottesdiensten teil, ich treffe Seminaristen, Ordensleute, Vereinigungen für Ehe und Familie. Aber am Anfang steht die Erfahrung, auf Anhieb eingefügt zu sein in das Bischofskollegium, das eine lebendige Wirklichkeit ist.

Worin besteht heute Ihre Arbeit und Ihr Amt ganz konkret?

J. L. Wie die anderen Dikasterien empfangen wir in herkömmlicher Weise im Rat der Familien ungefähr sechshundert Bischöfe im Jahr zum Ad-limina-Besuch. Das ist die Gelegenheit für sie, Informationen über die Situation in ihrer Diözese zu geben und über ihre pastoralen Sorgen zu sprechen. Der Dialog ist oft tiefgreifend, und diese Begegnungen bewirken enge Beziehungen mit vielen Hirten in verschiedenen Ländern. Wir empfangen auch alle Vereinigungen von Ehe und Familie, die es wünschen. Wir sind in Verbindung mit etwa vierhundert Vereinigungen weltweit. Wir haben also einen täglichen Kontakt mit den Laien. Denn die Familien sind vor allem Laien! Wir empfangen auch verschiedene Gruppen, die uns gerne besuchen möchten: Seminare, Universitätsprofessoren, Personen, die in der Familienpastoral tätig sind, Pilgergruppen in Begleitung ihres Bischofs und Verantwortungsträger aus der Politik. Der Familienrat organisiert auch Kolloquien und Kongresse und bringt die verschiedenen Bewegungen, die sich in Ehe und Familie engagieren, in Kontakt miteinander. Wir bringen auch Veröffentlichungen heraus, wie zum Beispiel das „Lexikon der zweideutigen und widersprüchlichen Ausdrücke über die Familie, das Leben und die ethischen Fragen“, dessen französische Ausgabe 2005 erschienen ist und das in elf Sprachen übersetzt wurde, ferner das „Handbuch der Familie". Der Familienrat gibt auch eine Zeitschrift heraus, Famiglia e Vita, Familie und das Leben. Wir versuchen auch, den Bischofskonferenzen auf dem Weg über die Apostolischen Nuntiaturen zu helfen, wenn rechtliche Fragen bezüglich der internationalen Organisationen und auch der nationalen Gesetzgebungen auftauchen. Zur Zeit bereiten wir ein „Handbuch für die Ehevorbereitung" vor, in der Form eines Vademecum. Schließlich organisieren wir alle drei Jahre die Welttreffen der Familien. Das nächste Treffen wird in Mailand 2012 in Anwesenheit des Heiligen Vaters vom 30. Mai bis 3. Juni stattfinden. Wir haben zwei bis drei Treffen pro Monat mit unseren Mitarbeitern in Mailand für die Vorbereitung dieser Großkundgebung, von der man jetzt schon weiß, dass mehr als eine Million Teilnehmer dazu kommen werden, wie es auch der Fall war in Valencia und in Mexiko.

Sie müssen an allen Fronten in Aktion treten, nach außen und nach innen?

J. L. Ja, aber nach außen können wir nur uns an die Leute wenden, die gerne auf uns hören wollen. Das ist ein wichtiger Bereich. Wir pflegen Kontakte mit Politikern, mit internationalen Organisationen, auch mit Organisationen, die nicht in Regierungen sind. Beispielsweise hatte ich die Gelegenheit zu Begegnungen im Europäischen Parlament in Brüssel im September 2010. Wir gehen schließlich auch in die Universitäten und werden regelmäßig zu internationalen Kolloquien eingeladen, die nicht unbedingt christlich sind. Wir nehmen teil an wissenschaftlichen Kongressen in den Bereichen Familie, Bioethik, Sexualität, zum Schutz und zur Verteidigung des Lebens.

Nach innen machen wir das Gleiche, aber für christliche Gruppen, für philosophische und theologische Fakultäten und Humanwissenschaften. Wir treffen uns mit Gruppen von Bischöfen. Ich nehme manchmal an Sitzungen zur Weiterbildung von Bischöfen teil. Vor Kurzem hat die Leitung des Päpstlichen Rates für die Familie mit der CELAM, der lateinamerikanischen Bischofskonferenz, eine Arbeitswoche über verschiedene

Fragen zu Ehe und Familie abgehalten. Alle Verantwortlichen in der Familienpastoral der süd- und mittelamerikanischen Länder haben daran teilgenommen.

Die Gesamtheit unserer Tätigkeiten findet unter der Leitung des Präsidenten des Päpstlichen Rates für die Familie statt. Dies ist zur Zeit Kardinal Ennio Antonelli.

Zu der Tätigkeit nach außen: Wir erinnern uns an Ihre Intervention im Jahre 2007 vor den Präsidentschaftswahlen in Frankreich, als es für die Ärzte um die Gewissensfrage und ihre Breitenwirkung ging, desgleichen auch für die Krankenschwestern und auch für die Apotheker wegen des Verkaufs von abtreibenden Pharmaka.

J. L. Ja, dieser Aufruf hat einige Resonanz hinterlassen. Das war anlässlich eines Kongresses, der von der Päpstlichen Akademie für das Leben veranstaltet wurde und für alle offen war. Kürzlich war ich von der Zeitschrift *Politique Internationale* wegen eines Artikels über Gesundheit und Organspende angefragt worden. Diese nichtkonfessionelle Zeitschrift legte Wert darauf, eine Kirchenstimme zu publizieren. In dieser Nummer erschienen Beiträge von internationalen Persönlichkeiten verschiedener Couleur, z. B. vom Generalsekretär der Vereinten Nationen, vom Direktor der Weltgesundheitsorganisation und andere. Zu solch umfassenden Kampagnen werden wir manchmal sehr unerwartet aufgerufen. Also müssen wir oft schnell darauf reagieren und anderes beiseitelassen.

Ihr Amt ist also mit viel Engagement verbunden. Benedikt XVI. ermutigt diesbezüglich alle Verantwortlichen in der Kirche:
„Ich denke, Mut ist eine der Hauptqualitäten, die ein Bischof und Kurienführer heute haben muss. Dazu gehört, sich nicht vor dem Diktat der Meinungen zu beugen, sondern aus der inneren Erkenntnis heraus zu handeln, auch wenn sie Ärger bringt. Und es müssen natürlich Menschen sein, die intellektuelle, professionelle und menschliche Qualitäten haben, sodass sie auch führen und andere mit in eine familiäre Ge-

meinschaft einspannen können." (Benedikt XVI., Licht der Welt, Ein Gespräch mit Peter Seewald, Herder, Freiburg – Wien – Basel, S. 117)
Wie reagieren Sie angesichts der Schwierigkeiten der Kommunikation in der Welt von heute, vor allem beim Thema Familie?

J. L. Wir sind mit den bestehenden Schwierigkeiten konfrontiert wie alle Menschen guten Willens. Jeder Mensch guten Willens kann nur betroffen sein, weil solch fundamentale Werte wie Ehe und Familie in Frage gestellt werden. Die Institution Familie ist eine Wirklichkeit, die jahrhundertelang unsere Gesellschaften strukturiert hat, nicht nur im Westen, sondern auch in einer großen Zahl anderer Kulturen. Nun wird heute diese Institution in Frage gestellt. Sie wird nicht nur durch die Rechtsprechung und die Entwicklung der Gesetzesvorgaben attackiert, sondern auch auf unmittelbar direkte Weise durch die Entscheidung, die immer mehr Menschen treffen, dass sie in ihren eigenen Lebensentwurf nicht mehr den Wunsch nach einer Familiengründung mit hineinnehmen.

Wir können uns aber zwischenzeitlich nicht darauf beschränken, Dinge zu beobachten, die nicht mehr gehen. Denn es wird oft nur darüber gesprochen, was nicht mehr funktioniert! Aber in Wirklichkeit entdeckt man viele Dinge, die gut gehen, wenn man sich die Mühe macht, den Blick zu weiten. Viele leben immer noch von einer Liebe, die in einem Zuhause und einer Familie aufblüht. In der Natur eines Mannes und einer Frau sind diese Erfahrungen tief eingeschrieben, die Johannes Paul II. als wesentliche, elementare oder fundamentale Erfahrungen benannt hat, in erster Linie der Wunsch zu lieben und der Wunsch, geliebt zu werden. Wenn man von diesem Wunsch bewegt ist, besonders in der Jugendzeit, kann man sich nicht vorstellen, dass die tief empfundene Liebe, die man vielleicht mit der beginnenden Erfahrung einer Liebschaft macht, jemals enden könnte. Angelo Scola hat die Bemerkung gemacht, dass es keinen jungen Menschen gebe, der sagen könnte: „Ich liebe diesen" oder „Ich liebe diese" und in derselben Minute hinzufügen würde: „In einigen Monaten oder Jahren werde ich aufhören können, ihn zu lieben." Wenn dieser Gedanke käme, ist es klar, dass er ihn oder sie nicht liebt. Die Erfahrung der Liebe wurde dann nicht gemacht. Man hat etwas besonders Begeisterndes in seiner Psyche erlebt, aber diese Art der Liebe bleibt unreif. Sie trägt im Keime alle Leiden und Desillusionierungen in sich, ebenso die Schwierigkeiten und die Hindernisse der Zukunft. Zu was man unbedingt ermutigen muss, ist, dass jeder in sich selbst den wahren Kern beobachten kann, wenn er in das Eigentliche seines Wünschens eindringt. Wenn man jemandem begegnet und zu ihm sagt: „Ich liebe dich“, möchte man, dass diese Liebe immer dauert. Die beiden sind miteinander verbunden. Und dann heißt es wieder: „Ich möchte mein Leben nicht planen ohne dich.“

Ist das nicht eine gewaltige Baustelle?

J. L. Das ist eine gewaltige Baustelle, denn es geht um die Arbeit von Erziehern, Eltern und Christen, sich dieses Reichtums bewusst zu werden, der tief ins Herz des Menschen geschrieben ist. Nur dann wird die Entdeckung möglich werden, wie sehr die Einrichtung Familie und die Offenheit für das Leben wirklich der Natur dieses Wunsches entsprechen.
Zurück zu Ihrer Frage. Wenn man im Dienst der Familie arbeitet, ist eine hohe Wachsamkeit gefragt, denn das beansprucht, mit den eigenen Fähigkeiten darauf zu reagieren, was im sozialen Bereich geschieht, in Bezug auf das Allgemeinwohl, bei den gesetzgeberischen Vorgängen, in der Politik der Staaten und in den internationalen Organisationen. Es gibt Augenblicke, wo man sagen muss: Es kann nicht hingenommen werden, dass man die Institution Familie banalisiert durch den Vergleich mit jeder beliebigen Beziehung zwischen zwei Personen; ferner, dass man einem Kind die Möglichkeit verweigert, in einem stabilen und harmonischen Umfeld zur Welt zu kommen, das nur durch die liebende Gegenwart eines Vaters und einer Mutter gesichert ist. Das ist für uns eine moralische Forderung, die an die Verantwortung gebunden ist, die uns der Heilige Vater anvertraut hat. Das schließt auch die Sorge um die Menschen ein, um ihr Wohl und den Dienst an der Wahrheit. Genauso die Sorge um die Rechte Gottes, den man oft vergisst. Denn Gott hat Rechte auf uns. Man könnte es mit anderen Worten sagen: die Sorge um die Rechte des Schöpfers. Das reicht in die Aufgabe des Seelsorgers. Man muss das gelas-

sen leben, weil man weiß, dass jeder Tag seine Früchte, seine harte Arbeit, seine Prüfungen, aber auch seine Hoffnungen mit sich bringt.

Man darf durch die negativen Erfahrungen nicht verwirrt sein.

J. L. Auf keinen Fall. Die Liebe ist immer eine Frohbotschaft und eine Frohbotschaft, zu der man immer Zugang hat. Man braucht weder reich noch arm zu sein, weder am Wohlstand teilhaben noch ohne wirtschaftliche Sicherung sein, weder Ansehen haben noch unbedeutend sein, um diese außergewöhnliche Erfahrung machen zu können, die die Liebe ist. Diese Liebe, die uns für andere öffnet, nimmt mehrere Formen an. Es gibt die eheliche Liebe, aber auch andere, genauso tiefe Formen der Liebe. Sie lassen uns wachsen, sind aber auch Erfahrungen der Transzendenz.

Die Liebe in der Grundhaltung der Solidarität mit Menschen, die in materieller oder geistiger Not sind, die Liebe zu denen, die unter Einsamkeit leiden, die im Exil leben, ist eine Liebe, in der Gott wirkt. Die Liebe, die einen dazu treibt, eine Familie zu gründen mit dem Menschen, ohne den man nicht mehr leben kann, ist eine Liebe, wo Gott unaufhörlich gegenwärtig ist. Und das Gleiche gilt für die Liebe der Kinder, der Mutter, des Vaters: Es sind Ausdrucksweisen dessen, was der Mensch als Kind vor Gott ist. Man kann die Fähigkeiten zu lieben auch weiterentwickeln im Zugehen auf die anderen in einer echten Gemeinschaft. Man darf nicht Pessimist sein, sondern muss ein gestandener Realist sein; denn niemand, weder ein Mensch noch eine Gesetzgebung, weder Medien noch Ideologien können die souveräne Freiheit eines zur Liebe entschlossenen Herzens erschüttern.

Saint-Exupéry hat einmal gesagt, dass man nicht gleichzeitig verantwortlich und verzweifelt sein kann …

J. L. Genau. Jede Verantwortung in der Kirche (und auch im bürgerlichen Leben) erfordert den Glauben, dass unser verantwortliches Handeln eine Frucht haben kann. Es setzt somit die Hoffnung voraus.

Sie kommen vom Fach Moraltheologie her. Sie hören aufmerksam auf das, was Ihnen mitgeteilt wird: Einwände, Widersprüche, auch Leidensgeschichten und freudige Nachrichten. Ich möchte die Vorstellung Ihrer Person beenden, indem ich auf die Methode zurückkomme, die Sie meines Erachtens anwenden. Sie gehen praktisch vor, Sie betrachten die Dinge, wie sie sind. Ich komme auf den Titel einer Ihrer Vorlesungen zurück: „Die christliche Erfahrung der Familie". *Sie sagen:* „Die Familie ist vor aller philosophischen Fragestellung oder vor aller politischen Meinung eine konkrete Wirklichkeit." *Diese Art, die Fragen anzugehen, ohne dabei die genaue Überlegung zu umgehen, scheint uns die Menschen anzusprechen und sie zum Nachdenken zu bringen. Sind sie darin nicht genau in der Linie von Johannes Paul II. und, um auf einen christlichen französischen Philosophen zurückzukommen, in der von Maurice Blondel?*

J. L. Wie Sie wissen, charakterisiert das Ausgehen von der Erfahrung ein personalistisches Vorgehen, das übrigens nicht nur dem französischen Personalismus alleine eigen ist. Es gibt eine ganze personalistische Strömung deutschen Ursprungs, die sich der phänomenologischen Tradition verbunden weiß. Max Scheler wird oft zitiert aufgrund seines Einflusses auf das Denken von Karol Wojtyla. Aber schauen wir auf die großen deutschen Denker wie Romano Guardini, Dietrich von Hildebrand, Edith Stein oder einen Ferdinand Ebner oder Martin Buber. Es geht nicht darum, die Erfahrung als solche zu vergötzen, sondern von dem Wirklichen auszugehen. Im Grunde genommen ist das eine Übersetzung, im Zusammenhang mit der Familie und auf der Ebene des persönlichen Lebens, dieses Aufbruchs, der darin besteht, vom Realen, lateinisch: res, auszugehen. Es wird nicht von einem angewandten Prinzip ausgegangen, sondern im Lichte dessen, was uns geoffenbart wurde von der Wahrheit des Menschen, seinen Beziehungen, von der Welt, vom Schöpfer; und wenn man das konkrete Leben des Menschen betrachtet, kann man diese Wahrheit so betrachten, dass sie zum Leben berufen ist. Es handelt sich um eine Wahrheit, die man zunächst nicht ihrem eigenen Erfahrungswert gegenüberstellt, sondern in der durch und in Christus geoffenbarten Wahrheit. Zudem handelt es sich auch um die für die Vernunft zugängliche Wahrheit über den Menschen. „Nur Christus weiß, was im Menschen ist", sagt uns das Zweite Vatikanische Konzil.

Im Bereich der Liebe geht die Erfahrung allem voraus. Man sagt nicht eines Tages zu sich selbst: „Na, was ist denn die Liebe?" – Nein. – Sondern: „Was geschieht mit mir? Was geht in mir vor? Warum denke ich unaufhörlich an diesen Menschen, und warum erfüllt mich dieser Gedanke mit Freude?" Warum stellt sich uns denn die Frage nach Gott in den Ausdrücken der gegebenen und empfangenen Liebe? Wenn man in diesen Dingen unterweist, betrifft das, was man sagt, zunächst alle Menschen guten Willens, aber das findet man auch in Übereinstimmung mit dem Wesen des christlichen Lebens. Das christliche Leben ist keine Ideologie, eine Meinungsströmung, eine Theorie, ein mathematisches Axiom, ein Vorurteil. Das christliche Leben ist zunächst eine Gotteserfahrung, die sich den Menschen offenbart. Es ist die Erfahrung, die die Menschen machen mit diesem sich offenbarenden und sie liebenden Gott. Man kann ihn nicht erfinden.

Alle großen christlichen Denker, die Evangelisten, der heilige Paulus, die Kirchenväter, die Märtyrer, die großen Theologen wie der heilige Augustinus, die heiligen Mystiker wie der heilige Franz von Assisi, ebenso die Heiligen unserer Tage wie Mutter Teresa, die eine große Meisterin des geistlichen Lebens ist, alle sind ausgegangen von der Wirklichkeit dessen, was Gott ist und was er in ihrem Leben gemacht hat.

Gott zeigt sich uns zur Betrachtung. Er existiert vor all unserer Betrachtung! Ja, die Erfahrung geht der Analyse voraus oder den grundlegenden Denkansätzen, die der Mensch immer versucht anzustellen.

Die erste Wirklichkeit, ist das Gott?

J. L. Ja. Und das erste Tun des Menschen ist ein – um es so auszudrücken – vorbewusstes Tun. Es ist die Wirklichkeit des Lebens, das schon jetzt den Bezug des Menschen zu Gott ausdrückt. Das Erste, zu dem wir berufen sind – wir wissen nicht, dass wir es schon machten – das ist: Wir leben. Es gibt also eine Bindung an Gott, die vom Schöpfer auf Anhieb gegeben wurde. Und dann entwickelt sich die Erfahrung. Zu einem bestimmten

Zeitpunkt werden wir geboren, wir entdecken eine Welt, entfernen uns von unserer Mutter, wir lernen „Ich" zu sagen, wir entdecken andere Menschen, wir werden groß und wir beginnen, über uns selbst nachzudenken. Das Leben, die Erfahrung des Lebens, ist eine tiefgehende Unterweisung, denn es ist eine Unterweisung, in der uns schon zu Beginn Gott vermittelt wird. Man kann alle Manipulationen vornehmen, die man will, aber niemand hat jemals entschieden zu leben, das haben andere vielleicht für uns entschieden. Und zudem: Als sie uns in die Welt gebracht hatten, wussten sie nicht, welcher Mensch man später wird! Man muss das einmal betrachtend auf sich wirken lassen: Gott ist die erste Wirklichkeit, er existiert vor den Menschen, er ist der gegenwärtige Ewige. Der betrachtende Mensch kann tiefgreifende Lehren aus den Vorgängen ziehen, dass er ins Leben gerufen wurde durch die zentrale Erfahrung des Guten und der Liebe. Man kann ohne Liebe nicht leben. Wenn das der Fall ist, dann ist das eine Krankheit, es ist die große und einzige Krankheit.

II.

Die Verlobungszeit: den Glauben vertrauend verschenken

Der Päpstliche Rat der Familien bereitet ein Dokument als Hilfe für die Ehevorbereitung vor, das vor dem nächsten Welttreffen der Familien 2012 herausgegeben werden soll. Die Situation ist von Land zu Land ziemlich verschieden, sogar von Pfarrei zu Pfarrei. Wollen Sie uns darüber berichten?

J. L. Damit wir dabei nichts verwischen – man muss genau wissen, dass die Kirche, wenn sie von „Ehevorbereitung“ spricht, in allererster Linie darunter die „Vorbereitung auf den Empfang des Ehesakramentes“ versteht. Sie hebt dabei ein Ereignis hervor, das ein christliches Ereignis ist. Denn – um in einem Bild von *Gaudium et Spes* zu bleiben – in dem Moment, wo sich die Gatten vermählen, ist Christus in ihrem Beisammensein dabei, um ihr ganzes Leben lang bei ihnen zu bleiben. Es ist die Überzeugung der Kirche: Von dem Augenblick an, wo die beiden Brautleute sich vermählen und das Sakrament der Ehe empfangen, ist dieses Sakrament keineswegs auf den Moment des Geschehens beschränkt, sondern es wird ganz und gar geschenkt für die Dauer des gemeinsamen Lebens.

Man kann darüber nachdenken, forschen und nach Worten und Ausdrücken suchen, um diese Wirklichkeit zum Ausdruck zu bringen. Die Kirche hat keinen besseren Ausdruck gefunden als den des *Bündnisses.* Das Bündnis geht auf die biblische Tradition zurück. Der Begriff „Bündnis" erlaubt es, sich dessen bewusst zu werden, dass ein unauflöslicher Bund zwischen zwei Personen eingegangen wird, die ihr Schicksal aneinanderbinden; sie sind verbündet. Aber „Bündnis" entbirgt auch die Beziehung, die Gott mit der Kirche eingegangen ist: Gott hat ein Bündnis mit dem Volk Israel geschlossen; Christus hat durch die Hingabe seines Lebens ein Bündnis mit den Menschen besiegelt und wirkt dabei als Haupt dieses Leibes, der die Kirche ist. Diese Vorstellung von Bündnis zeigt gleichzeitig die horizontale Verbindung von Mann und Frau, die sich vereinigen, es ist das Bündnis der Vermählten, gleichzeitig weist diese horizontale Einheit auf das Bündnis Gottes mit jedem von beiden hin. Es ist das Einswerden von zwei Bündnissen: das Bündnis der Eheleute und das Bündnis Gottes mit jedem Einzelnen von ihnen und mit beiden zusammen.

Das ist ein christliches Ereignis. Die Schwierigkeit, die Sie kennen, rührt von der Tatsache her, dass viele Menschen das Ehesakrament von der Kirche wollen und dabei total verkennen, was es bedeutet, oder manchmal sogar – leider – in einer Gleichgültigkeit verharren gegenüber dem, was Gott auf seine Weise bewirken kann, und gegenüber den Beweggründen, aus denen er in Berührung mit den Eheleuten kommt. Die Kirche trägt Sorge um das Wesentliche des Ehesakramentes. Das ist nicht wenig. Sie kann das nur auf eine sehr realistische Weise tun. Sich dessen bewusst sein, das ist genau das Ziel der Ehevorbereitung; denn man muss sich einmal klarmachen, was typisch ist für viele junge Heiratswillige: das Nichtwissen oder das nur ansatzweise, unvollständige Wissen darüber, der Mangel an Interesse und Begeisterung, etwas darüber zu erfahren. Leider ist dieses Charakteristikum das Kennzeichen vieler. Um ihr Ziel zu erreichen, versucht die Kirche einige Merkmale der Liebe des Menschen aufzuzeigen, die für alle Beziehungen einer aufrichtigen Liebe gültig sind, sogar wenn die Menschen, ohne dass sie etwas dafür können, keine persönliche, erlebte Erfahrung oder Kenntnis von Gott und Christus haben.

Wenn es sich um eine echte Liebe zwischen Mann und Frau handelt, ereignen sich verschiedene Dinge, die die Brautleute wissen möchten. Ich gebe Ihnen ein Beispiel: die Frage nach dem unauflöslichen Charakter der Liebe. Oft denken die Leute: Die Kirche verbietet die Scheidung und sie sagt, dass die Ehe unauflöslich ist. Außerhalb der Kirche kann man sich tatsächlich scheiden lassen, sogar mehrere Male. Also ist die Unauflöslichkeit eine ganz eigene Forderung der Kirche. Es geht gar nicht um außerhalb. Die Kirche sagt, dass eine gültige, freie, authentische Ehe nicht aufgelöst werden kann, nicht um eine Regel aufzustellen, die von außen käme, also eine Art moralischer Norm, die ihr eigen ist, sondern weil sich das aus dem Wesen der Liebe selbst ergibt. Sie stellt keinen Rigorismus auf oder einen Irrealismus, wobei sie dabei vergessen würde, dass heute das Leben kompliziert ist, dass es die Ungewissheit und die inneren Unsicherheiten gibt. Nein! Die Liebe zwischen Mann und Frau nimmt ihre vollständige und reife Form an im Geschenk, das einer dem anderen gibt, und dieses Geschenk kann nur unwiderruflich sein. Warum ist dieses Geschenk unwiderruflich? Ein Geschenk ist keine Leihgabe. Man sagt nicht: Ich gebe mich dir für fünf Jahre, das ist doch etwas, aber ich kann nicht versprechen, dass das für zehn, zwanzig oder dreißig Jahre ist!

Das ist kein Vertrag mit Kündigung wie im Versicherungsgeschäft!

J. L. Nein. Es ist ein Geschenk für immer. Dieses Geschenk wird eine neue Wirklichkeit schaffen, nämlich: eine eheliche Gemeinschaft, die so beschaffen ist, dass sie als mögliche Folge ein neues menschliches Leben haben wird, wenn sie in ihrer vollen Ganzheit gelebt wird, wenn Gott zustimmt und die Natur es ermöglicht. Dann haben wir es mit einer Liebe zu tun, die Schöpferin des Lebens ist. Das ist eine ganz unerhörte Sache. Freilich geschieht das nur im darin eingeschlossenen, unmittelbaren schöpferischen Mittun Gottes. Aber ohne dieses Mittun Gottes bei der Zeugung gibt es kein menschliches Leben.

Man kann einwenden, dass man heute in Bezug auf die Zeugung viel machen kann. Man verweist auf die vielfachen Möglichkeiten der künstlichen Zeugung. Ja. Aber in diesem Fall trennt man das Geschenk des menschlichen Lebens von jeglichem sexuellen Ausdruck der Liebe. Man kann Manipulationen vornehmen, aber um den Preis, dass man den Wesenszug, der die Liebe ist, wegnimmt. In der Naturordnung gibt es keine andere Möglichkeit für ein menschliches Wesen, in das Dasein zu treten als durch die Liebesvereinigung von Mann und Frau in einer totalen gegenseitigen Hingabe seiner selbst. Das Sakrament der Ehe heiligt und erhöht diese Wirklichkeit der Unauflöslichkeit der Liebe und fügt ihr eine besondere Festigkeit hinzu, die das Hinzukommen Christi zum Zusammensein der Ehegatten verleiht, um immer bei ihnen zu bleiben.

Wenn Christus sich sakramental mit den Ehegatten vereinigt, wird er sein Bündnis auch nicht aufkündigen unter dem Vorwand, dass die Eheleute vorhaben, sich scheiden zu lassen. Das würde keinen Sinn ergeben. Das ist auch der Grund, warum das gültige Sakrament nicht aufhören kann zu existieren. Die Kirche hat nicht die Möglichkeit und es liegt nicht in ihrer Macht, das Gegenteil zu sagen. Auch der Nachfolger Petri hat nicht die Macht zu sagen: Das Sakrament war gültig, ich erkläre, dass es ungültig ist. Warum? Weil das Sakrament ein Werk Gottes ist. Christus hat die Liebe des Menschen zu einem Sakrament erhoben. Es ist nicht das Ergebnis kirchlicher Norm. Die Gesetzgebung der Kirche hat es in einen gesetzlichen Rahmen gestellt, hat es klar und deutlich gemacht, hat ihm seine Form gegeben, seine rechtlichen Grundlagen, aber sie hat es nicht geschaffen. Erinnern wir uns an die Worte Christi in seiner Unterredung mit den Pharisäern: „Am Anfang war es nicht so“, als er sich auf den Scheidungsbrief bezieht, den Mose zugestanden hat (Mt 19).

Die Kirche will bewusst machen, dass eine Vorbereitung auf das Ehesakrament bedeutet, dass man stufenweise in das Begreifen dieses Geheimnisses eingeführt wird, das die Brautleute erleben, und in das Geheimnis Gottes. In dem Dokument, das wir vorbereiten, legen wir die Art und Weise dar, wie Gott die menschliche Liebe heiligt, aber auch die Art und Weise, wie die jungen Brautleute die menschliche Liebe leben. Das Dokument wird auch die Mittel aufzeigen, derer man sich in geeigneter Weise bedienen kann. Es zeigt also, wie eine ernsthafte Vorbereitung vonstatten gehen müsste, nicht nur die unmittelbare Vorbereitung vor dem Spenden des Sakramentes, sondern auch in der Zeit der Vorbereitung während der Brautzeit, als auch in der Zeit wesentlich davor. Ich hätte fast Lust zu sagen, dass man sich schon am Tage der Geburt auf die Hochzeit vorbereitet. Die Kirche hat die Ganzheit dieser Dimensionen von Mann und Frau im Blick.

„Verlobte, die zusammenleben", macht Alain Quilici aufmerksam, *„sind, objektiv gesehen, eigentlich nicht mehr Verlobte. Sie sind schon ein Paar. Ihr Leben ist schon das einer Ehe, auch wenn man nicht sagen kann, dass sie verheiratet sind." Muss man hier nicht auf eines der großen Probleme unserer zeitgenössischen westlichen Gesellschaften hinweisen: die Einsamkeit, das grundlegende Unvermögen, alleine zu bleiben, was die jungen Leute dazu führt, sich auf eine archaische Weise zusammenzutun, ohne sich dessen bewusst zu sein, dass die Angst vor der Einsamkeit und die Unfähigkeit, sie zu meistern, die größten Hindernisse sind für das Aufblühen der Liebe?*

J. L. Ich bin mit dieser Diagnose der Art des Zusammenlebens durchaus einverstanden. Sie ist häufig bei Studenten anzutreffen. Sie ist die Unfähigkeit, den Erfordernissen des Lebens in einer bestimmten Einsamkeit gerecht zu werden. Jeder weiß, dass die Einsamkeit Freuden und auch Prüfungen mit sich bringt, Schwierigkeiten, den Wunsch in Gemeinschaft mit anderen zu leben, aber auch gleichzeitig ein notwendiger Ort ist, wo die Person dem Gegenwärtigen gegenübersteht, seiner Tätigkeit, seiner Zukunft, in der es seine Gestalt annimmt. Aber eine Angst ist da, alleine zu bleiben. Viele Menschen können nicht einmal zehn Minuten alleine bleiben: Sie müssen unbedingt mit jemanden in Beziehung treten, telefonieren, reden, Nachrichten senden.

Aber Ihre Frage lässt mich auf das zurückkommen, wo Johannes Paul II. in seinen Mittwochskatechesen das Geheimnis der menschlichen Liebe durchleuchtet. Er ging aus von der Ur-Einsamkeit Adams. Er erkannte, dass tief im Herzen des Menschen der Wunsch vorhanden ist, aus der Einsamkeit herauszutreten. Er kann aber nur aus ihr herausgehen, wenn er ihr die Stirn bietet, und nicht, wenn er sie vermeidet … Es gibt also eine große Zahl von jungen Leuten, die zusammenziehen, ohne die geringste Zielrichtung für die Zukunft zu haben. Das ist eine Art des sich Abfindens, ein unüberlegtes Tun. Man hat die Vorteile des Miteinanders, eine unmittelbare Zufriedenheit in der Nähe des anderen, seine eigenen Gefühle und seine Sexualität auszuleben. Aber man stellt sich nicht der Zukunft noch der Gegenwart und so kommt es, dass man sich nicht wirklich gegenseitig voranbringt. Wenn man zusammenlebt, kann man sich nicht in Wahrheit festigen. Warum? Weil das Zusammensein nicht einem Geschenk entspricht. Wenn dieses Zusammenleben nicht mehr zufriedenstellend ist, beschließt einer von beiden oder beide, diesem ein Ende zu machen. Es gibt keinerlei Notwendigkeit, diese wenig zufriedenstellende Gemeinschaft auszuhalten. Die Menschen denken, dass sie frei sind, sie beenden also diese Beziehung, um sich vielleicht in eine andere zu begeben. Ich bin wieder frei, denken diejenigen, die dieser Art von Gemeinschaft einen Namen geben, was – nebenbei gesagt – auszudrücken scheint, dass sie es vorher nicht waren. Und man macht sich davon … Sich vereinigen kann nicht eine Art des Aneinanderklebens sein. Es muss ein Geschenk sein, ein Vorwärtsgehen, in das man seine geistigen Fähigkeiten einbringt und nicht einfach nur unser Gefühlsleben. In Wirklichkeit ist dieses Zusammenwohnen verbunden mit einer Schwäche des Herzens, der Seele und des Willens. Der Einsamkeit werden die jungen Leute früher oder später in allen ihren Facetten begegnen. Und auf endgültige Weise werden sie ihr begegnen in dem Moment, wo sie von diesem Leben in ein anderes schreiten. Es gibt etwas Grundlegendes in jeder Einsamkeit: Als wir geboren wurden, waren wir allein, wir wurden von unserer Mutter getrennt. Ich denke wirklich, dass die Einsamkeit eine grundlegende Erfahrung ist, unser ganzes Leben lang.

Die zweite Sache ist die Verkennung dessen, was ein gemeinsames Leben ist, das oftmals wie eine Fusion gesehen wird: Wir sind zusammen, denn dabei fühlen wir uns wohl. Die Freiheit des anderen spielt überhaupt keine Rolle, der vielleicht gerne sagen möchte: Ich bereite mich vor, ich bereite mich vor – für dich. Es ist ja nur für dich, dass ich jetzt allein lebe, um morgen noch besser für dich da zu sein! Im tiefsten Innern kann ein junger Mensch guten Willens das sehr wohl verstehen. Wie oft wollen wir eine Freude erleben und wir bereiten uns darauf vor, sie zu erleben: Wir warten auf sie, denn sie ist noch nicht da. In unserer Einbildungskraft und in unserem Empfinden gehen wir schon in Zärtlichkeit mit ihr um. Also, in einem Monat, werde ich den und jenen Freund treffen, ich werde an diesem und jenem Ereignis teilnehmen. Wir warten auf die glückbringenden Dinge, sie stehen uns jetzt noch nicht zur Verfügung. Es gibt eine Erfahrung im Wünschen, die sich mehr und mehr verfestigt, die sich verstärkt und klarere Formen annimmt gerade in einer Einsamkeit, die bejaht und überwunden wird. Ich möchte noch einen letzten Aspekt hinzufügen, die das Ergebnis meiner persönlichen Überlegungen ist. Ich meine, dass im Zusammenwohnen eine große Ungerechtigkeit der Frau, dem Mädchen gegenüber begangen wird. Das ist meine Überzeugung. Wenn zwei junge Menschen zusammenziehen und dieses gemeinsame Leben dann abbricht, manchmal nach einem Jahr oder auch nach zehn Jahren, gehen die beiden nicht wieder ihres eigenen Weges, als ob nichts gewesen wäre. Der Mann wird leiden, aber er wird sich leichter dareinschicken. Die Frau hat dem Mann etwas von sich gegeben, was einzig ist. Sie ist in der Situation, dass sie im Tiefsten das Geschenk ihrer selbst gemacht hat an jemanden, der ihr sagt: Wir haben eine schöne Zeit miteinander verlebt, aber ich gehe jetzt weg. Bei der Frau, dem Mädchen setzt ein Leiden ein. Wie kann eine Frau sich ein zweites, ein drittes Mal hingeben mit der gleichen Erwartung? Man muss wirklich in einem männlichen Egoismus leben, um sich nur eine Sekunde vorzustellen, dass ein Mädchen, eine junge Frau den Wunsch und das Verlangen und die Begeisterung haben könnte, zum zweiten Male, zum dritten oder fünften Male sich einem geliebten Mann hinzugeben! Das ist eine totale Verkennung des Unterschiedes zwischen der männlichen und weiblichen Psyche und Affektivität. Für mich ist das Zusammenleben eine Ungerechtigkeit gegenüber der Frau. Sie gibt viel mehr von sich hinein als der Mann, wenn das Zusammenleben beendet werden muss. Und das ist in der Mehrheit der Fälle so. Es scheint mir, dass nur die Familienmütter sich dessen vollauf bewusst sind.

Oft lebt man zusammen und denkt, dass man sich auf diese Weise auf eine spätere Ehe vorbereitet. Da täuscht man sich, und zwar umso mehr, als man weiß, dass es einen viel größeren Anteil an Scheidungen bei denen gibt, die vorher zusammengelebt haben als bei denen, die nicht vor der Hochzeit zusammengelebt haben. Das Zusammenleben macht die Fähigkeiten, spätere Schwierigkeiten anzugehen, brüchig und schwächt sie. Warum? Wenn man zusammenlebt und es eine größere Schwierigkeit gibt, kann man das Zusammenleben beenden. Und so wird ein Problem aus dem Wege geräumt; es verschwindet für den Augenblick, aber es ist nicht gelöst worden. Und oft geht man, ohne es zu wissen, auseinander mit dieser Schwierigkeit in sich. Sie wird früher oder später wiederauftauchen.

Ich kündige meinen Telefonvertrag und wechsle meinen Provider …

J. L. Man kündigt, aber das Problem ist nur scheinbar gelöst. Wenn heute ein ernstes Problem auftaucht nach der Eheschließung, begegnet man ihr mit der gleichen psychischen Vorgehensweise; man ist versucht, es gleichermaßen anzugehen. Die Zahl der Scheidungen von Ehen nach einem vorehelichen Zusammenleben von mehreren Jahren ist in den ersten fünf Jahren sehr groß. Je länger das Zusammenleben gedauert hat, umso größer ist die Zerbrechlichkeit der Bindung des späteren Ehepaares.

Die Leute fragen mich: Was halten Sie vom Zusammenleben? Warum hat man denn nicht das Recht, beieinander zu wohnen? Darauf antworte ich: Niemand hindert euch daran, zusammenzuziehen, wenn ihr es wollt. Ich sage oft zu den jungen Leuten: Was investiert ihr in dieses Zusammensein? Noch einmal: Ein liebendes Mädchen bringt in dieses Zusammensein mehr ein als der Mann. Es ist so. Alle Psychologen wissen es. Man tut aber so, wie wenn nichts wäre: Man lebt zusammen. Wenn der junge Mann geht, kümmert es ihn nicht, was er „auf dem Acker zurücklässt", wenn Sie mir diesen Ausdruck erlauben. Der Schlag der Trennung kann auch für den jungen Mann leidvoll sein, aber er wird sich leichter dareinschicken. Es bleiben immer Spuren zurück, vor allem im Falle der Trennung nach einer Liebesbeziehung, die man in einer tief empfundenen Gemeinschaft gestaltet hat. Aber diese Spuren graben sich bei der Frau tiefer ins Fleisch und in ihre Gefühlswelt, tiefer in ihr Herz. Und zudem wird oft von dem Mädchen in diesem Zusammenleben verlangt, ein Verhütungsmittel zu nehmen über Jahre hinweg, damit sein Partner es äußerst bequem hat, und das jede Möglichkeit ausschaltet, Mutter zu werden. Das sind keine Erfahrungen zum Nulltarif.

Sie sind Feminist!

J. L. Aber sicher! Die Kirche ist Feministin im christlichen Wortsinn, d. h., sie hat den größten Respekt vor der Würde der Person und somit vor der Frau. Es gibt einen christlichen Feminismus und man braucht keine Angst zu haben, es auch zu sagen. Eine solche Sicht hat jedoch nichts zu tun mit einer negativen Ideologie des Frauseins. Wenn ein junger Mann ein Mädchen liebt, ist der Respekt, den er ihm entgegenbringt, der beste Beweis der Echtheit seiner Liebesgefühle. Wenn man liebt, respektiert man.

Verweist die allgemeine Verbreitung des Konkubinats vor der Hochzeit inmitten einer verfassten Familieninstitution nicht auf eine Schlange, die sich in den Schwanz beißt?

Ist es so, dass die Eltern, die sich irgendwie ohne die Hilfe und den Reichtum Gottes lieben, die sich zerfetzen, in der Lebensgeschichte ihrer Kinder große affektive Lücken hinterlassen, die aufbrechen, wenn diese erwachsen werden, und eine Unreife im Gefühlsleben bewirken, die sich zutiefst schädlich auswirkt auf ihre Erwartungshaltung in der Liebe?

J. L. Ja. Das kann man aus der Beobachtung und manchmal aus der Erfahrung bestätigen. Wenn die Eltern das Bild eines Paares ohne gegenseitige Aufmerksamkeit und gemeinsamer Begeisterung abgegeben haben, wenn sie anscheinend ihr Leben wie ein gemeinsames Schicksal gelebt haben, wie es die Regel in einer bestimmten Epoche war, dann ist es sicher, dass das Bild von der Ehe selbst verbogen wurde und dass es sich auf die seelischen Bereiche so auswirken kann, dass manche lieber eine vielleicht nicht dauerhafte, doch starke Erfahrung erleben wollen, als dass sie sich auf eine Sache einlassen wollen, von der sie zu Unrecht denken, dass sie daran ein ganzes Leben lang leiden könnten.

Diese richtige Beobachtung zeigt, dass eine Ehevorbereitung notwendig ist, die sich nicht auf die Vorbereitung einer Zeremonie beschränkt, sondern auch ein vertieftes Gespräch mit den zukünftigen Eheleuten beinhaltet und auch die Überprüfung – in aller Diskretion und allem Respekt vor dem intimen Bereich eines jeden –, was beide von der Ehe erwarten, wie sie sie angehen, wie ihre Auffassung von der Liebe ist.

Wie nehmen sie zum Beispiel den Bereich des Vergebens und Verzeihens mit hinein? Ich sage noch einmal: In der Ehe, auch in kleinen Dingen, muss es einen selbstverständlichen Umgang mit der Versöhnung geben. Es geht überhaupt nicht um was weiß ich für ein Vergehen. Man muss auch bei der Vorbereitung die Frage angehen und herausfinden, wie zwei Menschen ihr gemeinsames Leben ins Auge fassen und ihre Liebe während ihres ganzen Ehelebens wachhalten wollen. Es ist gut, dass sie darüber sprechen können. Das braucht eine Zeit der Vorbereitung, eine angemessene Verlobungszeit. Die Vorbereitungszeit ist kein Verhör oder eine neue Norm. Und sie ist noch weniger eine Last auf den Schultern derjenigen, die aufrichtig in aller Schlichtheit heiraten wollen. Aber sie ist in der Tat die Gelegenheit einer ernsthaften Überlegung. Der schöne und heilige Wunsch zweier Menschen wird ernst genommen: Sie wollen heiraten und wollen es im Herrn tun, in einem Akt, der Gott nicht vom täglichen Leben ausschließt.

Schauen wir in diesem Zusammenhang auf folgende Tatsache: Unter den Kandidaten für eine christliche Ehe gibt es immer mehr Paare, die in einer eingetragenen Partnerschaft leben. Wie ist die Position der Kirche diesem Phänomen gegenüber? Gegenüber dem Leben als Paar vor der Hochzeit? Man hat den Eindruck, dass die Kirche hier ins Schleudern kommt, weil sie zu sehr erfreut ist, noch einige Paare zu haben, die sich bei ihr einfinden …

J. L. Diese Feststellung ist schrecklich und ich verstehe sehr genau, dass sie in solchen Worten ausgedrückt ist, denn das ist eine Frage, die sich die

Seelsorger, jeder Priester, jeder Bischof stellen muss. Sie müssen sich fragen: Gebe ich diesen Schatz des Sakramentes Christi unter den richtigen Bedingungen an die jungen Leute weiter? Oder mache ich Vogel-Strauß-Politik? Will ich nicht wissen, was sie vorher gemacht haben und was sie nachher machen wollen? Ich spende ihnen das Sakrament und ich wasche meine Hände in Unschuld angesichts der schiefen Bahn, auf die sie sich nun begeben.

Für eine gesunde und echte Vorbereitung der Brautleute ist es meines Erachtens notwendig, dass ein persönliches Gespräch mit dem Priester stattfindet, vielleicht mit einem Begleitehepaar, und zwar mit jedem der beiden Brautleute, nicht notwendigerweise immer mit beiden zusammen, sondern auch einzeln. Aus Gründen, die wir schon erläutert haben, hat das, was zwischen ihnen sich ereignet hat, nicht unbedingt bei beiden die gleichen Spuren hinterlassen. Andererseits – warum wünscht ein Paar, das zusammenlebt, zu heiraten? Weil es auf Probe zusammenlebt, hat es keinen Zugang gehabt zur Ganzheit des Glücks und der Freude, die es haben könnte. Wer sind denn heute die Leute in eheähnlichen Verbindungen, die kirchlich heiraten wollen? Aus welchen Motiven heiraten sie: religiöse, familiäre, bürgerliche Konvention? Häufig antworten sie auf unbeholfene Weise: Kirchlich zu heiraten ist halt doch etwas anderes. Sie wissen eigentlich nicht, was das ist, aber in ihren Augen ist es etwas Höheres, in der Kirche zu heiraten. Sie ahnen, dass sie vor Gott heiraten.

Folglich muss die Vorbereitung klar sein: die Paare begleiten, sie miteinander festigen und sie lieben. Man muss ein Interesse an ihrem Glück haben. Man kann sie nicht in einer gleichgültigen Haltung vorbereiten. Wenn ich Brautleute vorbereite und ich aus einem Grund absagen muss, weil ich nicht kann, bin ich doch im Herzen dabei und ich wünsche zutiefst, dass sie glücklich sind. Also ich will sie aus ganzem Priesterherzen vorbereiten, mit meinen Grenzen, aber mit meinem ganzen Herzen. Ich werde nicht etwas Formelles abspulen zwischen Tür und Angel und mich damit zufriedengeben, sie ihre Heiratserklärungen unterschreiben zu lassen! Ich werde schauen, wen ich vor mir habe. Erzählt mir von eurer Begegnung! Man muss die Menschen lieben! Wenn man sie nicht liebt, ist man innerlich nicht dabei und man ist nicht davon berührt, was sie vorher erleben konnten.

Wenn man sie mag, stellt man kein Verhör an, sondern man hört ihnen zu, man kann sie einführen in die christliche Auffassung der Liebe, man betet für sie, man betet mit ihnen, man führt sie ins Beten ein. Wenn man die Brautleute nicht mit der Erfahrung des Betens vertraut macht, weiß ich nicht, wohin das führt! Ich finde es widersinnig, wenn Menschen sich monatelang auf das Sakrament der Ehe vorbereiten und sie nicht ein einziges Mal die Gelegenheit zum Gebet hatten, dass man sie nicht einlädt zu beten, Gott ihr Glück anzuvertrauen und ihn um das zu bitten, was er für sie bereithält. Diese Vorbereitung muss ein geistliches Ereignis sein. Es ist nicht nur eine psychologische Begleitung, etwas Soziales oder getan aus gutem Willen von Seiten des Priesters oder des Begleitpaares. Die Brautleute sollen sich geliebt fühlen und zu Christus geführt wissen. Dann findet die Öffnung des Herzens statt und es kann ein Raum geschaffen werden für die Gnade Christi. Man muss daran glauben.

Sie stellen das Ideal vor. Aber denken Sie, dass das in der Realität möglich ist?

J. L. Von einem Ideal zu sprechen, bedeutet nicht, dass man von etwas Unwirklichem oder Unerreichbarem spricht. Wir haben kürzlich den Papst der Eheleute gefeiert, Johannes Paul II., der vor einigen Wochen seliggesprochen wurde. Wenn er von der Heiligkeit in der Ehe sprach, von der Heiligkeit der Priester, sprach er so, dass er folgende Gegenreaktion hervorrief: Ist da nicht die Ehemystik auf die Spitze getrieben? Eine Mystik des Priesterideals? Womöglich des polnischen, fügt man noch hinzu. Und wer ist heute letzten Endes Realist gewesen? Er, und nicht diejenigen, die ihn kritisiert haben. Er hat auf ganz realistische Weise den Ruf zur Heiligkeit ergriffen, der auch der seine war und den er für alle Menschen, für alle Getauften beanspruchte. Heiliger zu werden, ist ein Ideal, aber nicht ein imaginäres. Das ist das Ziel jeglicher Existenz. Die große Traurigkeit des Menschen, des Christen müsste darin bestehen zu merken, dass er nicht ein Heiliger ist. Es ist da etwas, das uns zu Herzen geht: ein Heimweh, überhaupt nichts Melancholisches, sondern etwas Positives, das uns motiviert. Oh, wenn wir doch Heilige sein könnten! Johannes Paul II. hat das gesehen. Heute sieht man die Ergebnisse. Und was soll man von Mutter Teresa sagen? Wenn man ihre geistlichen Schriften liest, sieht man genau, dass das Ziel, das sie sich gesteckt hat, ihr unerreichbar schien. In Wirklichkeit war sie schon nahe an ihrem Ziel; sie war heilig.

Man muss immer wieder darauf hinweisen, dass es im Anruf Gottes keine Abstufungen gibt. Gott beruft uns, seine Freunde zu sein, die Freunde Christi. Schon vom Wortverständnis her ist Heiligkeit eine Freundschaft mit Christus. Wenn Christus seine Freundschaft anbietet, sagt er nicht: Dir biete ich eine Freundschaft ersten Ranges an; geh sonntags zur heiligen Messe, und man sieht sich in der Ewigkeit wieder, du wirst die Gnade einer guten Sterbestunde bekommen! Nein. Christus sagt zu jedem: Ich will dich lieben und ich will deine Liebe. Es gibt Unterschiede bei den Menschen, denn es gibt Unterschiede bei den Antworten. Aber im Anruf Gottes ist das nicht der Fall. Es mag außergewöhnliche Lebensschicksale geben aufgrund einer göttlichen Berufung, aber Gott trickst nicht mit dem Menschen: Er bietet ihm nie eine Liebe zweiter Wahl an. Es liegt ein großer Ernst in der Berufung Gottes zur Heiligkeit, und ich denke, wenn man dies den zukünftigen Ehepaaren guten Willens (und ich meine immer diese) vorstellt, können sie nur zutiefst berührt und betroffen sein von diesem Angebot, das ihnen gemacht wurde. Später sollen sie noch oft daran denken, sie sollen wiederkommen, sie sollen darüber sprechen, sie sollen immer eine Begleitung finden. Es gibt keine echte Ehevorbereitung ohne die Vorsorge, die jungen Paare nach der Hochzeit während der folgenden Jahre weiterzubegleiten. Die Ehevorbereitung endet nicht am Tage der Trauung! Es gibt Pfarreien, wo es keine Aktivitäten für Ehepaare gibt, wo für die Familien nichts vorgesehen ist, auch nicht für die jungen Paare. Wenn das der Fall ist, gibt es für ihr inneres Leben keine Möglichkeit geistiger Nahrung. Die motivierten Paare werden anderswo auf Suche gehen, an Orten, wo ihr Suchen nach Christusnähe ernst genommen wird. Aber das sollte die ernsthafte Beschäftigung der ganzen Kirche sein, von allen Seelsorgern, Bischöfen und Priestern, dass sie den jungen Menschen, die das Geheimnis der Liebe wahrhaftig leben, die Möglichkeit geben, sich zu stärken, sich innerlich zu festigen und in der Freude und in der Hoffnung zu wachsen.

Für diejenigen, die sich Gott weihen wollen, gibt es auch eine Zeit der Vorbereitung, der Prüfung vor den endgültigen Weihen der Ordensleute oder vor der Priesterweihe, wie für die Brautleute vor der Eheschließung. Kann man zwischen beiden eine Parallele ziehen? Ist das nicht eine privilegierte Wüstenzeit?

J. L. Wenn Sie von Wüste sprechen, bringen Sie mit anderen Worten die Frage nach der Einsamkeit ins Spiel. Was ist die Wüste? Das ist die Gottesbegegnung in der Einsamkeit und in der Stille. Tatsächlich gibt es die Notwendigkeit einer Wüstenzeit, des Nachdenkens, des Rückbesinnens auf sich selbst, mit Gott ins Reine zu kommen, sich auf den Weg zu machen und sich in der eigenen Absicht zu stärken. Es gibt in der Tat zwei hauptsächliche Lebensformen: die Ehe und die Hingabe im ehelosen Leben, im Ordensleben oder geistlichen Amt oder schließlich im gottgeweihten Laienstand; tatsächlich können diese verschiedenen Berufungen auf eine einzige zurückgeführt werden: auf die Berufung Gottes zur Heiligkeit, auf den der Mann und die Frau auf verschiedene Weise antworten können. Im einen oder anderen Fall, in der Ehe oder in der gottgeweihten ehelosen Lebensform haben wir die Antwort auf einen Anruf, der in uns durch ein Ziel der Liebe hervorgerufen wird. Bei der Ehe geschieht das Angebot, das Gott in seiner Liebe uns macht, durch die Vermittlung der geliebten Person, der zukünftigen Ehefrau, des zukünftigen Ehemannes. Im geistlichen Stand besteht eine Art Unmittelbarkeit: eine direkte Zugehörigkeit zu Gott, die in der Einfachheit, die dem geistlichen Leben eigen ist, ausgedrückt wird, die aber dann während des ganzen Lebens im geistlichen Stand besteht. Denn man bereitet sich im eigentlichen Sinne nicht auf das geistliche Leben vor wie auf ein Examen, sondern man vervollkommnet sich darin während seines ganzen Lebens, so wie man sich als Ehemann oder Ehefrau das ganze Leben hindurch vervollkommnet. Man bereitet sich vor, das geistliche Leben zu umarmen; man bereitet sich vor, das eheliche Leben zu umarmen. Aber das eine wie das andere verläuft mit der gleichen inneren Dynamik: dem Anruf und dem Angebot Gottes zu antworten, ihm zu folgen und ihn aufrichtig zu lieben. Worin besteht diese aufrichtige Liebe? Ich würde sagen: in der Liebe kein falsches

Spiel zu treiben. Es gibt Versagen, Untreuen, Entmutigungen, auch Prüfungen und Enttäuschungen. Aber glücklicherweise kommen alle diese Schwierigkeiten nicht auf einmal!

Also Schritt um Schritt voran!

J. L. Genau. Nach und nach, Tag für Tag. Es kann heute eine Frage auftauchen, aber heute gibt es noch keine Antwort auf die Schwierigkeit von morgen. Die Gnade Gottes wirkt heute, und das ist die Gewissheit, die uns trägt. Mit der Verlängerung der Lebenserwartung gibt es heute Ehepaare, die ihre diamantene Hochzeit oder sogar ihr siebzigstes Ehejubiläum feiern; und so ist es auch bei den Jubiläen im geistlichen Stand.

Wir haben letzte Woche einen Zisterziensermönch getroffen, der 1939 ins Kloster eingetreten ist und von dem Freude und Friede ausstrahlen.

J. L. Das ist sehr gut zu verstehen. Die Treue bringt die Freude hervor. Die Treue ist mit jedem Augenblick eines jeden Tages verwoben. Wenn die Eheleute, die Ordensleute oder die Priester ein Jubiläum feiern, können sie zu Gott sagen: „ Herr, du bist alle Tage meines Lebens mit mir gewesen, sechzig Jahre lang."

Das ist etwas Unerhörtes. Die Treue ist die Freude der dauerhaften Liebe. Da ist auch ein moralischer Einsatz drin. Im Grunde geht es um eine dauerhafte Liebe, die nicht abstirbt, die weitergeht.

Für die Berufung der Priester und Ordensleute gibt es durch den Bischof oder die Verantwortlichen eine feinfühlige Prüfung. Aber was gibt es für die Ehe? Wer beurteilt hier?

J.L. Man muss hier genau sehen, dass die grundlegenden geistlichen Anforderungen der beiden Lebensstände, von denen wir gesprochen haben, die gleichen sein können, die ganz konkreten Anforderungen jedoch sind nicht die gleichen. Tatsächlich entspricht die Ehe einem natürlichen Verlangen im Herzen eines jedes Menschen, sich mit einer Person des anderen Geschlechtes zu vereinen und in der Nachkommenschaft, in der Vaterschaft und Mutterschaft weiterzuleben. Das entspricht der großen Mehrheit der Männer und Frauen.

Bei der Ordens- oder Priesterexistenz gibt es einen Schritt, der eine Herausforderung an das Verständnis der Mitmenschen ist. Wie soll man verstehen, dass ein junger Mann, ein Mädchen, normal veranlagt, mit einem Herzen, einem Körper, einem Gefühlsleben und einem Wunsch nach Fruchtbarkeit das Zurückstellen dieser offensichtlichen und direkt spürbaren Freuden des täglichen Lebens annehmen kann zugunsten einer Liebe, von der man weiß, dass sie verlangend da ist, dass sie unaufhörlich, Tag für Tag einer reinigenden Klärung bedarf und deshalb auch dauernd Verzichtleistungen fordert? Wenn man sich zum Beispiel für das Priestertum entscheidet, verzichtet man nicht nur am Tag des Eintritts in das Priesterseminar oder endgültig bei der Diakonweihe. Es handelt sich um eine Wahl, die man erneuert, und das eigentlich jeden Tag.

Es gibt jedoch einen Unterschied, der klar sein sollte: Wenn Gott jemanden zur Ehe beruft, ruft er ihn, damit er im Ehestand ein großer Heiliger wird; und ebenso, wenn er in den Ordensstand oder in das Priesteramt beruft. Der geistliche Stand wie auch der Priesterstand ist ein Lebensstand, der Verzicht braucht, der eine große Freude mit sich bringt, aber auch Opfer, wie zum Beispiel die Einsamkeit, von der wir eben schon gesprochen haben. Jede Kongregation oder Ordensgemeinschaft kann dem Mitglied nicht ersparen, es von Zeit zu Zeit mit der Tatsache zu konfrontieren, dass es vor seinem Herrn alleine ist. Wird er mit IHM ins Gespräch kommen, IHM sagen, dass er ihn liebt, auf IHN hören, oder wird er sich mit Zweitrangigem dem entziehen, um seine Einsamkeit zu überlisten?

Um sich dem stellen zu können, ist es normal, dass man eine lange Zeit der Vorbereitung braucht, eine Überprüfung, ein genaues Erwägen, das nicht nur spirituell die Wirklichkeit des Anrufes Gottes erfassen will, sondern genauso ein Hinschauen auf die Fähigkeit, darauf zu antworten, in dem Maße, wie die menschliche Schwachheit es erlaubt, diese Überprüfung vorzunehmen.

Warum gibt es keine Prüfung für den Bereich der Ehe? Das ist die

Frage. Es ist ganz natürlich, dass der Christ, der ein wirklich christliches Leben führt, notwendigerweise gefordert ist, zwischen den verschiedenen Wünschen seines Herzens zu unterscheiden. Wenn darin der Wunsch ist, für immer sein Leben mit diesem Mädchen oder diesem jungen Mann zu teilen, taucht ganz natürlich auch die Frage auf: Ist das auch wirklich das echte Glück und die rechte Form, die Gott für mich will, für mein Leben, ist das die Erfüllung meiner Berufung und somit auch die Erfüllung meines Glückes? Sicher lässt Gott einem die Freiheit, diesen oder jene zu heiraten. Aber das Leben des Christen spielt sich dauerhaft und täglich im Raum der täglichen kleinen Entscheidungen ab. Warum vertrauen diejenigen, die endgültig heiraten, die Sorge um die Erleuchtung, was gut für sie ist, nicht Gott an? Tatsächlich tun das diejenigen, die beten, wie selbstverständlich. Und zu gegebener Zeit wächst ein Friede im Herzen, eine Freude, eine Zuversicht in die Zukunft, der Wunsch, Kinder zu haben von diesem ganz bestimmten Mann oder dieser ganz bestimmten Frau. Wenn ein junger Mann von zwanzig Jahren mich besucht und mir sagt: Schauen Sie, ich bin mir ganz sicher, dass sie es ist, sie ist fantastisch, ich würde sie Ihnen gerne vorstellen, dann drängt es mich im folgenden Gespräch an einem ganz bestimmten Moment zu fragen: „Und es ist sie und keine andere, von der du dir später Kinder wünschst?“ Die Antwort ist oft klar: „Ja, von ihr, von keiner anderen.“ Das ist dann ein starkes Zeichen. Also gibt es doch eine Vergewisserung durch Leute, die einen lieben und die einem helfen und auch durch das vertrauensvolle Sprechen mit Gott, durch das Gebet! Warum bitten die zukünftigen Eheleute nicht Gott, ihnen die Erkenntnis zu geben, den richtigen Moment zu zeigen? Warum? Weil niemand es ihnen gesagt hat.

Und für die zukünftigen Eheleute ist die Zeit der Vorbereitung sehr wichtig; wir werden unsere seelsorgerliche Planung im Hinblick auf die Ehevorbereitung auf drei Phasen ausrichten: eine frühzeitige, die in der Kindheit beginnt, eine in der Braut- oder Verlobungszeit und eine unmittelbar vor der Hochzeit. Der Weg der Vorbereitung erfordert ein Klären auf allen Etappen.

Das französische Wort „fiançailles“ (Brautschaft, Verlobungszeit) und das Wort „confiance“ (Vertrauen), ebenso das Wort „foi“ (Glaube) stammen aus der gleichen Wortfamilie. Es könnte sein, dass der Misskredit, der auf Familie, Treue und der Keuschheit in der Zeit der Vorbereitung auf das große Fest liegt, in Beziehung gebracht werden könnte mit der „décroyance“, der religiösen Gleichgültigkeit, von der Kardinal Poupard spricht. Der Verlust des Glaubens an Gott scheint unlösbar mit dem Verlust des Vertrauens in eine dauerhafte Liebesbeziehung verwickelt zu sein, die in der Treue ihren festen Boden hat. Wie denken Sie darüber?

J. L. Das Vertrauen ist im positiven Sinn des Wortes die glücklichste und kindlichste Form des Glaubens. Der Glaube, lateinisch „fides“, bezeichnet insofern das, an was wir glauben – also die Lehrsätze unseres Glaubens, wenn Sie so wollen –, nämlich das Vertrauen. In mehreren romanischen Sprachen ist es das gleiche Wort. Und im Vertrauen ist diese doppelte Bewegung: einmal, sich jemandem anvertrauen, und zum anderen, Vertrauen in ihn zu haben. Beides ist miteinander verbunden. Man muss wissen, dass das Vertrauen das Element in der Persönlichkeit des Menschen ist, das am meisten aufbaut. Die erste seelische Erfahrung, die ein menschliches Wesen macht, ist das Vertrauen, das es zuerst in seine Mutter hat, die ihm eine umfassende Sicherheit bietet. Dann löst es sich von ihr, es nimmt ein anderes Gesicht in sich auf, das väterliche Gesicht der Autorität tritt hervor. Es entdeckt, dass es nicht das einzige Wesen ist, das Anspruch auf seine Mutter hat. Es muss dieses Gesicht in sich mit aufnehmen. Dieses Phänomen vervollständigt sich in ihm, wenn es verinnerlicht haben wird, dass sein Vater und seine Mutter miteinander eine Einheit der Liebe und des Vertrauens bilden. Die grundlegende ethische Erfahrung ist folgende: Es glaubt, dass seine Eltern vertrauenswürdig sind. Es entdeckt, dass seine Eltern ihm wohlwollen und ihm all das Gute tun, das es braucht. Es wird zunächst in einer kleinen, dann doch gewichtigeren Verantwortung aufwachsen. Es wird daran gewöhnt werden, nicht zu lügen, sich nicht zu verstellen, sich nicht zu verstecken, seinen Eltern die Wahrheit zu sagen. Seine Eltern werden es wieder annehmen, wenn es gefehlt hat, wenn es etwas Schlechtes getan hat, aber es spürt auch, dass bei seinen Eltern, die über ihm sind und durchaus eine Macht und Autorität sind, ein Beweggrund ist: die Liebe, die seine Eltern für es empfinden. Also wird es auch mit einer Liebesgeste antworten. Tatsächlich ist dieses Vertrauen, das die deutschen Personalisten herausgestellt haben, unter ihnen besonders Gustav Siewerth, von grundlegender Bedeutung.

Dieser Autor spricht von einem Vertrauen, das Vertrauen schafft, ein Vertrauen, das im Gegenzug Vertrauen hervorruft. Er sieht darin den Zentralpunkt seiner Metaphysik der Kindheit.

Es gibt also keinen Glauben ohne Vertrauen. Im christlichen Glauben ist das Vertrauen diese schöne, unschuldige, kindliche, nicht kindische Form desjenigen, der weiß, dass er Vertrauen in die Vorsehung haben kann. Der Mensch, der seine Knie beugt, der sich kleinmacht wie ein Kind, wird mit Gott sprechen können, ihn anflehen im Wissen, dass Gott ihm zuhört, dass Gott gut ist und dass er ihm das geben wird, was für ihn das Beste ist. Er weiß, dass Gott der Liebe würdig ist und dass er des Vertrauens würdig ist. Wenn man Vertrauen in Gott hat, bringt das Ausdrucksweisen des Glaubens hervor, die das Markenzeichen der großen Heiligen sind. Die Anrufung „confido tibi", ich vertraue auf dich, wendet sich in besonderer Weise an das Herz Jesu, von dem man weiß, dass es nicht den geringsten Vorbehalt hat. Wenn man sich so an Christus wendet, ist es, als ob man sagte: „Ich weiß, dass so viel Liebe in deinem Herzen ist und so viel Güte, dass ich gar nicht verfehlen kann, von dir das Bestmögliche zu erhalten, denn ich habe Vertrauen in dich." Der Glaube ist mit dem Vertrauen eng verbunden, und das Vertrauen gibt dem Glauben seine Menschlichkeit, sein Lächeln und seine Schönheit.

Das Wort „Verlobung" ruft heute ein sentimentales, altmodisches Echo hervor, etwas aus einem anderen Zeitalter. Könnten Sie diese allgemeine Spontanreaktion im Sinne der folgenden Empfehlungen von Benedikt XVI. entkräften: „Wir müssen danach trachten, dass beides, soweit es sich vereinbaren lässt, sich ineinanderfügt. Das Christsein darf nicht zu einer Art archaischer Schicht werden, die ich irgendwie festhalte und gewissermaßen neben der Modernität lebe. Es ist selbst etwas Lebendiges, etwas Modernes, das meine gesamte Modernität durchformt und gestaltet – und sie insofern regelrecht umarmt.“ (Benedikt XVI., Licht der Welt, Herder, S. 76)

J. L. Die Verlobungszeit könnte man als eine begünstigte Zeit ansehen. Wir haben von der Vorbereitung auf das Ehesakrament gesprochen. Die Verlobungszeit bringt noch etwas mehr. Zu einem besonderen Zeitpunkt – im Allgemeinen findet die Verlobung am Ende einer Eucharistiefeier statt – erklären die christlichen Verlobten, sich auf die Ehe vorzubereiten: Das ist ein Versprechen. Aber das ist ein Versprechen, das nicht de facto, wie die Hochzeit, eine Gemeinschaft des Lebens und der Liebe stiftet; jedoch versprechen sich die beiden gegenseitig – und halten dabei ihr Tiefstes für die Monate der Vorbereitung auf die Vermählung noch zurück –, sich als Ehemann und als Ehefrau dem anderen hinzugeben. Wenn es dann möglicherweise in einer Familienfeier zu einem gleichsam öffentlichen Vorgang kommt, sind die Leute, die die Verlobten kennen und mögen, eingeladen, Kenntnis zu nehmen, dass von nun an diese eine ganz bestimmte Person in ihrem Herzen wohnt und dass sie vorhaben, mit dieser ein gemeinsames Lebenswerk zu gestalten. Das wird dann die Hochzeit sein.

Es ist eine privilegierte Zeit, denn es findet ein tiefer Austausch statt, wo die Verlobten sich ihre Liebe erklären, sei es in Worten, in Aufmerksamkeiten, durch das gemeinsame Warten, durch das Wissen von den Gefühlen des anderen und was er von seinen Eigenheiten entfaltet. Die Verlobungszeit macht die Vorbereitung auf die Ehe in dem Maße leichter, als sie schon auf einem Versprechen beruht. Während dieser Zeit, wo die jungen Leute sich darauf einstellen, ihr Leben im Sakrament der Ehe zu vereinen, scheinen sie sich gegenseitig zu sagen: „Mein Leben gehört schon dir und ich bewahre es für dich auf. Meine Gedanken und mein Fühlen gehört dir.“ So entsteht eine Vorbereitung nicht nur auf der affektiven Ebene, sondern auch auf der geistigen; denn ein Versprechen kommt ins Spiel. Das ist nicht ein Vertrag, sondern ein Wollen, alles zu tun, um zu diesem erwarteten Augenblick zu kommen. Es ist eine Zeit der Prüfung, denn man wartet auf dieses Zusammenkommen in der Ehe, diesen Ausdruck der Liebe in seiner ganzen affektiven und leiblichen Fülle. Es ist auch eine privilegierte Zeit in dem Sinne, dass man noch nicht die Verantwortung für das gemeinsame Leben hat: Die ganze Zeit steht einem zur Verfügung, um sich besser kennen zu lernen, besser auszutauschen, besser die Zukunft zu planen. Eine Zeit des besseren gegenseitigen Kennenlernens und gleichzeitig des Sichbewahrens. Die Zeit der Verlobung ist auch eine Art Erleichterung: Man geht an die Öffentlichkeit und man befreit sich von der Last der Einsamkeit. Man steht zu seinem Zustand des Versprechens: Im Italienischen sind die Verlobten die „versprochenen Eheleute": I promessi sposi ist übrigens der Titel des großen Romans von Manzoni. Die Verlobten sind diejenigen, die versprochen haben, Eheleute zu werden, diejenigen, denen das Leben das Versprechen gegeben hat, Eheleute zu werden.

Ich glaube, man darf sich nicht beeindrucken lassen von der Tatsache, dass man wieder zurückkann. Da es sich um eine Zeit des Erspürens handelt, ist es auch eine Zeit der sich eröffnenden Prüfung, eine Zeit des wirklichen Gegenübertretens. Es kommt nicht selten vor, dass aufrichtige Verlobte sich entscheiden, die Verlobungszeit zu verlängern, weil sie sich noch nicht bereit fühlen. Es ist eine privilegierte Zeit, denn es besteht eine große innere Freiheit: Die Verlobten öffnen sich innerlich, jedoch ohne ihre ganze personale Hingabe. Insbesondere geben sie sich in ihrer Verlobungszeit nicht körperlich hin. Das ist das gegenseitige Geschenk ihres beiderseitigen Willens; dieser gemeinsame Weg ist ihnen angeboten, um sich kennen zu lernen, um miteinander zu beten, um zu zweit zu überlegen. Es ist also eine menschliche Erfahrung echter Treue, eine Zeit, die zur Bewahrung des Herzens erzieht. „Mein Herz ist dir versprochen! Ich habe ohne dich keine Zukunft. Du gehörst zu meiner Zukunft." Es ist nicht eine Zeit, in der man irgendetwas macht! Im Gegenteil! Die Verlobten sind glücklich, eine einzige Liebe zu erfahren, einen einzigen Empfänger ihrer Gedanken, ihrer Gefühlsregungen und ihrer Pläne. Die Verlobungszeit ist eine Erziehung zur Freiheit des Schenkens.

In der traditionellen und auch heutigen Verlobungszeit gibt es oft die Überreichung eines Ringes an seine Verlobte. Das ist noch kein Bündnis. Der Ring ist ein Zeichen des Versprechens. Er bedeutet: „Du bist die Zukunft meines Lebens, du gehörst zu meiner Freiheit." Die Zeit der Verlobung wird die Zeit der Entdeckung der Freiheit des anderen werden.

Diese Zeit ist zweifellos geprägt von einer Ungeduld, nämlich des Wartens auf die geliebte Person. Die Nahrung der Liebe ist das Warten. Der Mensch ist ein Wunschwesen. Während der Brautzeit gibt es auch eine einzigartige geistliche Chance: Das liebende Herz, das ganz frei die Reinheit gewählt hat bis in seine feinsten Sehnsüchte, den Blick, die Gedanken, die Gesten der Zärtlichkeit findet zu sich selbst in der Tugend der Keuschheit. Ich habe Paare gekannt, die so gelebt haben und die sich an die Verlobungszeit erinnern als einer Zeit überreicher geistig-geistlicher Erfahrungen. Dies ist ein Geschenk.

Selbst wenn die Szenarien ganz anders sind.

J. L. Ja. Aber aus unserer Sicht mit dem Ziel der echten christlichen Ehevorbereitung – das heißt Gott ins Innerste des ehelichen Lebens zu stellen, das auf die Verlobten wartet – ist die Verlobungszeit eine Zeit einer ganz großen Freiheit; es ist bedeutsam, dass sie nicht von der Unreinheit gestört wird, durch den Mangel an Achtung und Scham oder durch Oberflächlichkeit. Denn diese christlich gelebte Zeit entfaltet für die Brautleute die Gegenwart Gottes, der sich ihnen zuwendet und sie als miteinander verbundene Brautleute liebt. Es ist eine geistliche Zeit. Manchmal nehmen die christlichen Brautleute die Gelegenheit wahr und ziehen sich zurück in Exerzitien oder unternehmen eine Wallfahrt oder eine Reise zusammen. Wenn diese Zeit in der Haltung einer wunderbaren Entdeckung des anderen erlebt wird, bereitet sich das Herz in aller Echtheit vor auf die Vermählung. Wer sich aufrichtig dem geliebten Menschen versprochen hat, flößt Vertrauen ein. Er erfährt sich in der Verantwortung für jemanden, der ebenfalls versprochen hat. Um hier Paulus anzuführen: Die Brautleute sind in der Verlobungszeit immer im Ungleichgewicht, gleichsam „nach vorn ausgestreckt". Man ist ganz auf jemanden ausgerichtet, wie der Christ immer auf Gott hin ausgerichtet ist und niemals sich selbst genug ist.

Wie ist während der Verlobungszeit der körperliche Ausdruck der Liebe und wie ist gleichzeitig die Achtung vor dem anderen zu gestalten?

J. L. Die Zärtlichkeit findet sicher ihren Ausdruck in den Gesten, aber es ist eine Zärtlichkeit, die sich für die keusche Haltung entschieden hat. Da liegt der große Unterschied zum Zusammenleben vor der Ehe. Die keusche Zärtlichkeit ist die affektive und geistige Nähe zum anderen, aber man bewahrt sich für den richtigen Augenblick auf, für ihn, für sie.

Alain Quilici, der viele Paare begleitet hat, weist immer wieder auf die große Versuchung hin, „die Abwesenheit nicht zu ertragen, die Situation im Griff zu haben als deren alleinige Beherrscher, einen Schlussstrich zu ziehen unter diesen Teil des Geheimnisses, das in das Abenteuer als Verlobte hineingeschrieben ist, vom anderen zu fordern, dass er sich jetzt ganz und gar hingibt, wie das Volk fordert, einen Gott für sich zu haben, ohne Geheimnis und zum Anfassen“. *Die Genesis kommt einem da in den Sinn und die Ursünde, die sich in der Geschichte jedes Paares wiederholt wie der Götzendienst in der Begebenheit mit dem Goldenen Kalb. Was meinen Sie zu diesem Taumel des totalen Verfügens sogar im Tiefsten der Liebe?*

J. L. Das ist die Verwechslung zwischen dem Inhalt des Versprechens und dem Inhalt des Geschenkes. Die Tatsache des Verheiratetseins verleiht einem ein „Recht“ auf den Körper des anderen, einen Alleinanspruch in der Liebesbeziehung. Die Zeit der Brautschaft ist eine Zeit des Versprechens. Das Geschenk der Vermählung in dieser Zeit vorwegzunehmen, bedeutet, sich eines versprochenen Gutes zu bemächtigen. Um einfach einen Vergleich zu machen: Wenn uns ein Geschenk versprochen wird, warten wir mit einer fröhlichen Ungeduld. Und wenn man es sich aneignet? Dann kommt keine echte Freue auf, denn man hat nichts mehr zu erwarten. Was man sich genommen hat, wird einem nicht mehr angeboten! Man hat zugegriffen, das ist das Erschleichen eines reinen Geschenkes. Das Geschenk einfach nehmen hat zur Folge, dass man sich die Freude des Empfangens selbst genommen hat. Es ist eine Art ausgespielter Machtanspruch, der in Wirklichkeit eine Ohnmacht ist. Wer nicht warten kann, nimmt sich selbst die Freude, die er hätte, wenn er gewartet hätte. Man trifft heute viel weniger Menschen, die sich verloben mit all diesen Erwartungen des Versprechens und der Achtung des anderen mit seinem Geheimnis. Es ist etwas Großartiges, seinen zukünftigen Gefährten zu lieben und zu wissen, dass man nicht alles an ihm kennen kann. Und doch ist da gleichzeitig eine Freude, dass man es fertiggebracht hat, sich für ihn aufzubewahren. Die Zeit der Brautschaft wird so zu einer Zeit der Gnade: eine Zeit, in der man das Versprechen achtet, das einem das Leben gibt. Wenn man sich dieser Zeit in eigensüchtiger und vorwegnehmender Weise beraubt, erntet man sicher auch Früchte; aber die Zeit vor der Vermählung hat nicht mehr die gleiche Qualität.

Um dies zu leben, muss man daran glauben. Das ist die ganze Problematik. Und um daran glauben zu können, muss man davon gehört haben. Und dass man es hören kann, braucht es Leute, die den Mut haben, darüber zu sprechen: Das sind die Erzieher, die Priester, die Begleiter, die Eltern. Die Verlobungszeit ist eine so kostbare Zeit, dass man sich ihrer würdig zeigen muss. Also wohnt man nicht zusammen, man teilt sich nicht die gleiche Wohnung, man vermeidet einen zu nahen körperlichen Kontakt, auf Reisen schläft man nicht im gleichen Zimmer. Es gibt eine grundlegende Haltung der Vorsicht.

Diejenigen, die die Chance haben, das zu leben, sind keine Exoten. Das kann ich als Priester bezeugen. Mehrmals ist es schon vorgekommen, dass ich heiratswillige Paare begleitet habe, die zusammenwohnten. Während der Ehevorbereitung hat sich ein Vertrauensverhältnis herausgebildet, und zwar so, dass man diese Frage ohne Schwierigkeiten angehen konnte. Ich versuchte ihnen zu sagen: „In vier Monaten werdet ihr heiraten. Ihr habt alle Erfahrungen, die ihr wolltet, nur eine nicht: Warum könntet ihr nicht jetzt diese Erfahrung machen, aufeinander zu warten, euer Herz füreinander zu bewahren, euch im Warten gegenseitig neu zu entdecken? Was hindert euch daran, während den noch verbleibenden vier Monaten euch auf die Feier der Vermählung vorzubereiten, auf das Sakrament, das ihr empfangen wollt, auf die Ankunft Christi in eurem Zusammengehören? Es ist nicht zu spät.“ Ich behaupte nicht, dass das jedes Mal klappte, aber es ist doch wiederholt vorgekommen, dass die Paare diese Dimension ernst genommen haben, von der sie nichts wussten. Ich habe manchmal Kehrtwenden erlebt. Es gab welche, die mir gesagt haben, dass sie in der Vorbereitungszeit auf die Hochzeit wie Bruder und Schwester zusammengelebt haben und darüber sehr glücklich gewesen sind, sie haben sich nämlich noch einmal entdeckt. Nach einer Zeit des Zusammenwohnens hat mir ein junger Mann gesagt: „Wenn ich so überlege, dass sie meine Frau wird …“ Das hat bei mir einen geistigen Aufbruch verursacht und hat mich tief gepackt. Niemals wird man das von zweien hören, die schon beieinanderwohnen.

Im Übrigen müsste man sich bei der Ehevorbereitung auch näher mit der religiösen Zeremonie der Eheschließung befassen, die oft während einer heiligen Messe stattfindet. Das sind auch die Ansprüche der Würde, wenn man sich auf ein Sakrament vorbereitet. Zwei Menschen, die es grundsätzlich ablehnen, in der Zeit vor der Heirat die gemeinsame Wohnung aufzugeben, werden unweigerlich den Zweifel an der Echtheit des Wunsches aufkommen lassen, dass sie eine christliche Ehe eingehen wollen.

Man braucht kein Prinzipienreiter zu sein, um sich diese Frage zu stellen. Hingegen gibt es immer die Möglichkeit, eine radikale Wahl zu treffen für die Liebe und damit auch ihre Forderung nach Reinheit. Das ist nichts Altmodisches. Da zählt es auch wenig, dass die kulturellen Bräuche sich geändert haben. Eine echte Kultur bewahrt die menschlichen und geistigen Ansprüche des Christen, wie sie immer gewesen sind. Es gibt in der christlichen Kultur da keinen Unterschied: Heute, im Jahre 2011, ist es immer noch ganz aktuell, sein Herz auf die Begegnung mit dem geliebten Menschen vorzubereiten, mit dem man sein Leben in Christus vereinigen will. Das ist weiß Gott keine banale Sache. Man muss das verstehen, aber wenn man es verstehen will, muss man es aus dem Munde derer hören, die daran glauben. Ich sehe überhaupt nicht ein, warum ich das nicht denjenigen mitteilen soll, die heiraten wollen und die schon zusammenleben.

Gibt es Länder, wo das leichter zu vermitteln ist?

J. L. Geografisch gesehen sind da sehr große Unterschiede zwischen den Kulturen. In Indien zum Beispiel kommt das Zusammenleben sehr wenig vor. Dort ist die von uns beschriebene Art vorherrschend. Das ist in den großen Städten ein wenig anders. Aber im christlichen Umfeld bereiten sich die Christen auf die Ehe so vor, wie die Christen unserer Breiten sich immer vorbereitet haben, wenn sie eine hohe Meinung von dem Geheimnis hatten, das sie zu leben berufen sind.

Die eigentliche Frage ist die: Welches ist die Wertschätzung, die wir vom christlichen Leben haben? Das ist die grundlegende Frage. Das gilt sowohl für einen jungen Menschen, einen betagten Menschen, ein Kind, einen Verheirateten, für einen Bischof, für einen Priester …

Wenn ich eine hohe Wertschätzung habe für das Leben als Christ, dann sind diese Ansprüche verbunden mit der innigen Gemeinschaft mit Christus. Das ist nicht eine zusätzliche Last auf meine schwachen Schultern! Das Nichtbeieinanderwohnen ist in erster Linie nicht ein Anspruch, der auf Moral gegründet ist, sondern ein Anspruch der Liebe. Das sind zwei verschiedene Dinge. Es ist aber klar, dass das eine moralische Höhenlage ist, denn die Liebe erhöht alle ethischen und geistigen Fähigkeiten des Menschen.

Man darf die Hürde nicht niedriger einstellen, damit das Gespräch besser läuft …

J. L: Keinesfalls! Wenn es zum Beispiel Menschen gibt, die sensibel darauf reagieren, was wir gesagt haben, zeigt das, dass das Gespräch der Mühe wert ist, dass man es führt, dass man gehört wird und dass man die Dinge entwickelt. Wir halten keine Gerichtsitzung über die Menschen, wir entwickeln keine moralische Theorie, wir schreiben keine Abhandlung über Ehe- und Familienethik, aber wir sprechen über dieses außergewöhnliche Ereignis, das wie eine Ankunft Christi in unserem Leben ist, das unsere Liebeskraft nur stärken kann. Das verwandelt all unser Tun, unsere Wahl, unsere Entscheidungen, unser ganzes Verhalten.

Kann man von der Verlobungszeit zum Teil wie von einem freundschaftlichen Mitgehen sprechen? Welche Rolle spielt die Freundschaft von der Verlobung an im großen Abenteuer der Liebe?

J. L. Das ist eine gute Frage; aber die Wirklichkeit stellt sich nicht in diesen Worten und Denkarten dar. In dieser Phase der Brautzeit wählt die

Liebe nur das, was sich in einer Zärtlichkeit ausdrückt, die sich von der geschlechtlichen Vereinigung enthält, die der ehelichen Beziehung vorbehalten ist. In diesem Sinne ist es nicht eine Freundschaft, auf die in einem zweiten Zeitabschnitt eine Liebe aufgeklebt wird, die dann die Liebe der Eheleute wäre; wie wenn die Freundschaft die Fähigkeit hätte, sich zu einer Liebe hoch zu schwingen, wie wenn die Liebe die Freundschaft in sich aufnehmen könnte, indem sie noch etwas mit dem physischen Ausdruck hinzufügen könnte. Man hat die vollständige Liebe während der Ehe mit einem einzigartigen körperlichen Ausdruck in der sexuellen Vereinigung der Eheleute, aber man hat auch eine vollständige Liebe während der Brautzeit: eine Liebe, die genau die Weise wählt, sich nicht in der Totalität der Gesten auszudrücken, die der tiefen Verbindung der Eheleute eigen ist.

Jede Liebe ist eine Freundschaft aus zärtlicher Zuneigung. Aber im allgemeinen Verständnis, so wie die Menschen sie auffassen, kann man nicht sagen, dass die eheliche Liebe eine Freundschaft ist, der noch etwas hinzugefügt würde. Die Verlobungszeit ist die Zeit einer echten Liebe, die in dem Maße authentisch ist, als sie sich der Mittel des sich Aufbewahrens für den anderen einsetzt.

Eine Liebe des Möglichen, um einen Ausdruck der Metaphysik zu gebrauchen?

J. L. Eine Liebe, die schon konkret, gegenwärtig und wirklich ist, die aber ihre Frucht in dem Moment zeigt, in dem Gott sie geheiligt hat durch das Sakrament der Ehe. Gerade deshalb ist es so, dass die christliche Vermählung etwas sehr Großes ist in dem Maße, wie man sich aufbewahrt für den geliebten Menschen, den man als ein Geschenk von Gott empfängt.

III.

Göttliche Liebe und menschliche Liebe: Glaube und Treue

„Der Gott des Friedens heilige euch ganz und gar und bewahre euren Geist, eure Seele und euren Leib unversehrt, damit ihr ohne Tadel seid, wenn Jesus Christus, unser Herr, kommt. Gott, der euch beruft, ist treu; er wird es tun" (1 Thess 5,23–24).

Benedikt XVI. fasst in wenigen Worten die christliche Auffassung von Ehe und Familie zusammen: „Ehe und Familie sind in Wirklichkeit keine soziologische Zufallskonstruktion, sie sind nicht das Ergebnis besonderer historischer und wirtschaftlicher Situationen. Im Gegenteil, die Frage der richtigen Beziehung zwischen Mann und Frau hat ihre Wurzeln im tiefsten Wesen des Menschseins und kann ihre Antwort nur von daher finden. Das heißt, sie kann nicht getrennt werden von der alten und immer neuen Frage des Menschen über sich selbst: Wer bin ich? Was ist der Mensch? Und diese Frage kann ihrerseits nicht von der Gottesfrage getrennt werden: Existiert Gott? Und wer ist Gott? Wie ist sein wahres Gesicht? Die Antwort der Bibel auf diese beiden Fragen ist einheitlich und folgerichtig: Der Mensch ist nach dem Bild Gottes geschaffen, und Gott selbst ist Liebe.

Daher ist die Berufung zur Liebe das, was den Menschen zum echten Ebenbild Gottes macht: Er wird in dem Maße Gott ähnlich, in dem er ein Liebender wird.“ (Benedikt XVI. bei der Eröffnung der Pastoraltagung der Diözese Rom zum Thema Familie, Lateranbasilika, 6.6.2005)
Gibt es einen Gedanken in dieser Aussage, den Sie gerne präzisieren möchten?

J. L. Jeder Mensch, der eine echte, aufrichtige Erfahrung der Liebe gemacht hat, kommt unweigerlich an den Punkt, wo er etwas vom Göttlichen, von der Liebe Gottes erkennt. Wenn Gott liebt, gibt er sich hin. Das Wesen der Liebe ist die Hingabe. Gott gibt sich hin und er schenkt auch etwas von seinem göttlichen Leben: das Geschenk der Gnade, das Geschenk seines Geistes, der der Geist der Liebe ist, das Geschenk seines Herzens, wenn man so sagen will. Der liebende Mensch nimmt teil an der Liebe, die Gott ihm schenkt. Und wenn der Mensch wiederum liebt, seine Gattin oder seinen Gatten, dann kommt etwas von Gott in ihm zum Vorschein. Die echte, aufrichtige, sich hingebende Liebe, die ohne bestimmte Absichten liebt, entfaltet eine Schönheit, die die meisten Künstler in allen Kulturen inspiriert hat. Warum ist die gegenseitige Liebe von Mann und Frau und die Liebe in ihren vielfältigen Arten wie die Liebe im Mitleid, die Liebe zum Kind, zu den Armen, warum ist Liebe das Thema, das in allen Gesellschaften und Kulturen am meisten dargestellt, besungen und bewundert wird? Ganz einfach, weil die Liebe den Menschen vollständig verwandelt. Wenn jemand liebt, erhellt sich sein Gesicht. Ein Leuchten geht von ihm aus. Das Auge des Liebenden leuchtet. Die Freude spiegelt sich darin. Aus seinem Inneren bricht ein Strahlen hervor, so wie das Gesicht Moses strahlte von der Gegenwart Gottes, den er von Angesicht zu

Angesicht sah. Als er aus dem Bundeszelt hinausging, konnte das Strahlen der Gottesbegegnung auf seinem Gesicht nicht verborgen bleiben. Es ist klar, bei Mose handelt es sich um den Glanz der göttlichen Majestät, aber dieser Abglanz drückte die Liebe Gottes zu seinem Volk und zu seinem Diener aus.

Die Liebe lässt insbesondere das Gesicht aufleuchten und den Blick weiten. Man weiß, dass der Blick das Innere des Menschen nach außen kehrt. Der liebebeseelte Mensch kann ohne Weiteres das weitergeben, denn die Liebe verbreitet sich auf natürliche Weise. Der Begriff der auf sich gerichteten, einsamen, unglücklichen Liebe, die nicht auf Gegenseitigkeit beruht, ist ein Konstrukt der Romanautoren, man nennt sie übrigens romantische Liebe, und sie ist oft eine Illusion. Schon Aristoteles spricht in seinem *Traktat über die Freundschaft* von der Gegenseitigkeit der Liebe. Der heilige Thomas von Aquin hat über lange Zeit diese Idee entwickelt. In unseren Tagen hat Johannes Paul II. von der Gegenseitigkeit als einem wahrheitsstiftenden Vorgang gesprochen, nämlich einer Fülle der Liebe, die von Gott empfangen wurde und unglücklicherweise so schwach von den Menschen erwidert wird. In den Beziehungen der Menschen gibt eine verschenkende und empfangende Liebe immer etwas von Gott weiter, von dieser Familienhaftigkeit, von dieser Vaterschaft und Mutterschaft, die zwischen Gott und den Menschen besteht. Der Mensch ist nach Gottes Bild geschaffen, nicht nur, weil er mit Vernunft und Willen ausgestattet ist. Er ist auch fähig, das Gute zu wollen so wie Gott, weil Gott das Gute ist und es mitteilt. Die Kirchenväter haben diese Aspekte sehr weit entwickelt. Die menschliche Kreatur ist vor allem eine liebende Person. Wenn ein Mensch zu einem anderen grundehrlich sagt: „Ich liebe dich, ich gehe mit dir einen Bund ein", dann drückt er in all seiner Begrenztheit das aus, was Gott mit jedem Menschen macht. Gott liebt jeden tief und innig, weil er sich ihm hingegeben hat, und das nicht nur, weil er sein menschliches Dasein angenommen hat, sondern weil er sein Leben in diesem Menschsein hingegeben hat.

Es gibt einen wahren inneren Bezug zwischen echter Elternschaft, auch geistiger Elternschaft, und dem Abhängigkeitsverhältnis zu Gott.

Der Mensch liebt, wie Gott liebt, was ihn auf immer einbindet. Es ist undenkbar zu sagen: ich liebe dich für zehn Jahre, ich liebe dich bis zum fünfzigsten Lebensjahr, denn es ist einfach unmöglich, als Liebender nicht an die Ewigkeit zu denken. Die Liebe ist göttlichen Ursprungs: Deus caritas est. Jede Liebe hat einen göttlichen Ursprung, denn Gott selbst hat uns gelehrt, was Liebe ist. Er hat als Erster geliebt, er hat so geliebt, dass er die Natur geschaffen und dann erlöst hat und die der Mensch zerstört hat, indem er sich von IHM gelöst hat.

Kommen wir also auf die Schöpfung zurück. „Gott schuf also den Menschen als sein Abbild; als Abbild Gottes schuf er ihn. Als Mann und Frau schuf er sie (Ge 1,27). *Nicht nur Atheisten oder religiös Gleichgültige, sondern auch viele Christen wären sehr erstaunt, wenn man ihnen sagte, dass es nicht so ist, dass zum einen der Mann oder zum anderen die Frau nach Gottes Bild geschaffen sind, sondern das Paar aus beiden Geschlechtern, woraus unmittelbar hervorgeht, dass die Identität des Menschen in der Liebe und in der Beziehung besteht, wie uns das auf andere Weise das Mysterium der Dreifaltigkeit entschleiert. Diese Liebe kann auf eheliche Weise oder in der Ganzhingabe des geistlichen Standes gelebt werden. Das bedeutet, dass das Ehepaar berufen ist, eine einzige Person zu werden. Was setzt dieser Einsatz voraus auf einem Weg, wo man eins werden soll, ein Fleisch und eine Ganzheit mit dem Menschen, den man liebt?*

J. L. Johannes Paul II. hat oft auf die Tatsache hingewiesen, dass der Mensch nicht nur in genau dem Augenblick Kind Gottes wurde, wo Adam nach dem Bild des einen Gottes geschaffen wurde; sondern er erklärt seine eigentliche Kindschaft nach Gottes Bild in dem Maße, wo er das Abbild der Gemeinschaft der göttlichen Personen ist. In ihm ist der Charakter und die tiefe Prägung der göttlichen Gemeinschaft gegenwärtig, das Sein Gottes, ein unsagbares Geheimnis. In diesem Sinne ist das Ehepaar ein Abbild Gottes, eine personale Gemeinschaft. In seinem apostolischen Schreiben MULIERIS DIGNITATEM, über die Würde der Frau, spricht Johannes Paul II. darüber. Im siebten Abschnitt finden Sie die Grundlage dafür, dass der zur Gemeinschaft berufene Mensch nach dem Abbild der Gemeinschaft der göttlichen Personen geschaffen ist, die das Wesen Gottes selbst ist:

„Mann und Frau, als ‚Einheit von zweien' im gemeinsamen Menschsein geschaffen, sind dazu berufen, eine Gemeinschaft der Liebe zu leben und so in der Welt jene Liebesgemeinschaft widerzuspiegeln, die in Gott besteht und durch die sich die drei göttlichen Personen im innigen Geheimnis des einen göttlichen Lebens lieben."

Alles, was über die geistige Natur des Menschen ausgesagt wird, über seine Fähigkeiten zu denken, zu wollen, zu lieben, und die ebenso Zeichen der Schaffung des Menschen nach Gottes Bild sind, bleibt dabei gültig. Das Ganze ist eine Vertiefung, eine Neuöffnung, eine neue Sicht, die all das, was die große Überlieferung der Kirchenväter und des Lehramtes der Kirche über dieses Thema des Abbildes Gottes hat sagen können, vervollständigt.

Das zweite Element Ihrer Fragestellung zielt auf die Tatsache des Einswerdens in einer Person. Die Formulierung der Frage ist suggestiv und verführerisch. Aber sie ist nicht zutreffend in der Hinsicht, wo zwei Personen, die sich vereinen, nie eine Person bilden. Sie bleiben zwei Subjekte in aller Freiheit. Das ist so, selbst im Wesen der Liebesakte. Wenn man das Wesen der körperlichen Dynamik der menschlichen Liebe beachtet, der männlichen und weiblichen Sexualität, erkennt man einen hochzeitlichen Dialog, aber er folgt nicht den Regeln einer Verschmelzung. „Zu einem Fleisch werden" bedeutet nicht, eine Person werden. Die beiden Ehepartner vereinen tatsächlich ihre Körper und in diesem Sinne bilden sie „ein Fleisch". Aber es wird nur vergleichsweise gesprochen von einer „Einheit der Geister" oder einer „Einheit der Herzen", um genau dadurch eine Gemeinschaft, eine Communio, zu bezeichnen. Man könnte wortspielerisch so sagen: eine *gemeinschaftliche Einheit*. Warum? Weil wir seinsmäßig zwei unterschiedliche Wirklichkeiten haben. Die beiden Ehegatten bleiben auch im Augenblick der größten intimen Einheit zwei Subjekte in Freiheit. Sogar im Ablauf der Vereinigung gibt es immer die Möglichkeit für einen, sich zu trennen. Es gibt niemals eine wirkliche Verschmelzung. Es entsteht „ein einziges Sein" in dem Maße, wie eine Gemeinschaft des Wollens, des Fühlens und der Zuneigung da ist, aber im liebenden Wollen bleibt jeder bis zum Ende souverän in seiner Freiheit, sich hinzugeben. Ein Fleisch, das heißt nicht eine Person, selbst wenn die beiden Körper wie in einem einzigen Leib tief verbunden sind.

Aber vereint sein, heißt das auch zum Beispiel, dass man versucht, so viel Geduld für die Mängel des anderen aufzubringen, wie man auch für die eigenen benötigen würde? Muss man mit dem heiligen Franz von Sales nicht versuchen, das, was er das „vermessene Urteil" nennt, zu verbieten, und das darin besteht, dass man den anderen in eine Vorstellung presst, die man sich von ihm gemacht hat und die offensichtlich eine Auswirkung auf den Wert der Beziehung zwischen den Eheleuten hat? Wenn man im intimen Bereich einer Familie lebt, haben die Sünden, die in Gedanken begangen werden, eine tiefe Auswirkung auf die Qualität der allgemeinen Atmosphäre?

J. L. Das glaube ich ganz fest. Das ist sehr richtig: Es gibt keine Neutralität noch ein Unbeteiligtsein in den Gedanken. Viele Menschen stellen es sich so vor, dass sie in dem Maße, wie sie nichts Böses tun, auch nicht gefehlt haben. Nur wenigen ist die Wichtigkeit und manchmal auch die Schwere bewusst, was Sündigen in Gedanken bedeutet. Kein Mensch kann seine Gedanken perfekt beherrschen. Der Geist kann sich durch schlechte Eingebungen und vermessene Urteile einsperren lassen. Es ist vernünftig, sich dessen genügend bewusst zu sein. Es ist wahr, dass die vermessenen Urteile die Vermittlung der Gnade einengen, untergraben und ausbremsen und die Kommunikation zwischen den Menschen einschränken. Die kühnen Urteile bringen Verdächtigungen, Zweifel und Ermüdung beim anderen hervor, also Gefühlsregungen, denen gegenüber man sehr wachsam sein muss. Und wie? Indem man das Andenken Gottes in seinem Herzen und seinen Gedanken trägt. Der heilige Augustinus nannte das die RECORDATIO, im eigentlichen Wortsinn das Andenken des Herzens. Das Gebet hilft auf diesem Gebiet. Es ist nicht möglich, immer den gleichen Ton, den gleichen Humor und das gleiche Denken zu bewahren, vor allem, wenn in unserem Geist und in unserem Herzen nicht das Denken Gottes wohnt. Der Christ muss sich davon selbst überzeugen. Man spricht in diesem Zusammenhang von der Realität und dem Ernst des christlichen Lebens in seiner wichtigsten Herausforderung. Es genügt nicht, dass man nicht gegen die Gesetze Gottes verstößt, es geht darum, etwas zum Ausdruck zu bringen, das Hand und Fuß hat, eine geistige und übernatürliche Dichte, zum Beispiel beim anderen seine Schönheit und seine Einzigartigkeit zu sehen. Manchmal trifft man auf Paare, die sich lieben, aber wo jeder der beiden unaufhörlich auf die Familie des anderen schimpft. Aber wie kann man denn vergessen, dass die Familie des anderen auch die meine ist und mit mir im Herzen, in Liebe und in meinen Gefühlen verbunden ist? Man kann den anderen verletzen, indem man ihm die Fehler der Mutter, des Vaters und seine ganze Familientradition wiederkäut. Man muss vorsichtig sein. Das ist ebenso eine Frage des Zartgefühls. Die Liebe hat eine saubere Ausdrucksweise, eine Lebensweise, die die Regungen des Herzens gleichermaßen reifen lässt wie das moralische Gewissen. Das Zartgefühl ist das besondere Aroma der Liebe. Ich gebe Ihnen ein einmaliges Beispiel: Betrachten Sie den Wert der Liebesbeziehung zwischen Jacques und Raïssa Maritain. Lesen Sie ihre Briefe, die sie sich nach vierzig Ehejahren geschrieben haben. Sie haben dauernd in einer außergewöhnlichen Aufmerksamkeit für die gegenseitigen Erwartungen und Wünsche gelebt und auch in ihrem freien gemeinsamen Entschluss, in erster Linie Gott zu dienen und zu lieben. Man muss immer wieder auf die Beispiele der Eheleute schauen, die heiligmäßig gelebt haben. Zwischen Luigi und Maria Beltrame Quattrocchi, dem ersten heiliggesprochenen Ehepaar, wurden Hunderte von Briefen gewechselt, die heute veröffentlicht sind. Sie drücken wie beim Ehepaar Maritain eine Qualität an Beziehung aus, die jeden ihrer Briefe erhellt. Und schauen wir doch auf die Eltern der heiligen Theresia, auf die seligen Louis und Zélie Martin. Lesen Sie auch hier die Briefe, die sie sich geschrieben haben. Betrachten Sie einmal das Uhrengehäuse, das Louis für seine Ehefrau gezeichnet und geschaffen hat. Von solchen Ehepaaren gibt es noch Tausende andere, unbekannte, alles ist getan zur Freude des anderen. Diener sein an der Freude des anderen. Kein Platz für vermessene Urteile, für den Zweifel, den Verdacht, die Eifersucht. Im Gegenteil, man findet eine hochgradige Achtung für die Freiheit des anderen. Je mehr man jemanden liebt, umso mehr liebt man seine Freiheit. Das ist das Wunder der Liebe. Eine wirklich geliebte Person fühlt sich immer mehr frei zu handeln, zu arbeiten, eine Tätigkeit auszuführen. Das ist wie beim Vertrauen zwischen Eltern und Kindern, von dem wir gesprochen haben.

Das Hohe Lied der Liebe *bestätigt, dass die Sprache der Hochzeit die geeignetste ist, die die Liebe Gottes zu seinem Volk ausdrücken kann:*

Ich schlief, doch mein Herz war wach.
Horch, mein Geliebter klopft.
Mach auf, meine Schwester und Freundin,
meine Taube, du Makellose!
Mein Kopf ist voll Tau,
aus meinen Locken tropft die Nacht. (Hld 5,2)

Selten hat ein Text eine so hohe Mystik mit einer so zartfühlenden Sensibilität verbunden. Der christliche Puritanismus hatte zweifelsohne eine Rechnung zu bezahlen, um die sich der Mai 1968 gekümmert hat. Aber seit dem Zweiten Vatikanum ist das Lehramt der Kirche – wir denken da besonders an die Katechesen von Johannes Paul II. – kräftig vorgeprescht im Verständnis der Sexualität und des Ehelebens. Könnten Sie uns dafür Beispiele geben?

J. L. Bis vor etwa einem Jahrhundert betrachtete man die Ehe zunächst in ihrer sozialen Dimension. Man betrachtete ihren objektiven Wert, ihren göttlichen Ursprung, man betrachtete sie in den Anforderungen der menschlichen Institution, in ihrer Wahrheit und in ihrer objektiven Schönheit. Aber man war hintendran, was die Absichten und die Gefühle der Heiratswilligen anbelangte. Man sah die Sache der Eheleute nicht aus ihrer Sicht, nicht von innen heraus. Und zu Beginn des 20. Jahrhunderts haben Philosophie, Anthropologie und die Humanwissenschaften enorm an einem ganzen Feld über die Kenntnisse am Menschenbild gearbeitet, es vertieft und erhellt, besonders im Bereich seines Innenlebens, seiner Urteilskraft, kurz, an allem, was aus einem Subjekt ein wollendes Subjekt, ein wünschendes und denkendes Subjekt macht. Vom Dienst am Menschen her gesehen, hat man zu Beginn dieser Forschung sich an personalistischen Strömungen orientiert, die sich dem Studium der moralischen Phänomene gewidmet haben, zum Beispiel Edith Stein für die Empathie, das Einfühlungsvermögen, Dietrich von Hildebrand für das Wesen der Liebe oder ein Gabriel Marcel für das Mysterium der Familie. Zu dieser Zeit hat die personalistische Philosophie sicher dazu beigetragen, den Reichtum der Kenntnisse über das Innenleben des Menschen herauszustellen. Man findet die Spuren im Lehramt der Kirche. Ich denke an die Enzyklika Casti Connubi von Pius XI. über das Sakrament der Ehe, die 1930 herauskam. In diesem Text sagte zum Beispiel Pius XI., dass beide Eheleute im Dienst der Heiligung des anderen stehen. Später haben die Radiobotschaften und die Ansprachen von Pius XII. an die Verlobten diese Perspektive betont. Sie kennen sicher auch die Texte, die in der Folge eine ganze Ehetheologie inspiriert haben, wie zum Beispiel die Nummern 48 bis 52 der Pastoralkonstitution *Gaudium et Spes* des Zweiten Vatikanums, das Apostolische Schreiben *Familiaris Consortio* und 1981 der *Brief an die Familien*. Die Ehe wird nicht nur in ihrem Wesen betrachtet, sondern auch in ihrer Dynamik, die die Menschen umfängt. Es genügt nicht zu sagen, dass die Ehe etwas Heiliges ist, weil sie von Gott geschaffen wurde. Das ist wahr, und man muss es sagen, denn das ist die Grundlage. Aber man muss auch sagen, dass die Eheleute sich in der Ehe heiligen. Sie sind zur Heiligkeit berufen und sie heiligen sich gegenseitig während ihres ganzen gemeinsamen Lebens. Man muss auch ganz klar über Humanae Vitae von Paul VI. sprechen. Wenn Paul VI. über den ehelichen Akt spricht, weist er auf, dass diese Liebe die Eheleute vervollkommnet, vorausgesetzt, sie beachten das Wesen dieses Aktes, dessen zwei Dimensionen der Vereinigung und der Weitergabe des Lebens nicht absichtlich von vornherein getrennt werden. Er stellte somit klar die Wesensmerkmale der ehelichen Liebe heraus: eine ganz menschliche, totale, treue, ausschließliche und fruchtbare Liebe.

Schon zu Beginn des Pontifikates von Johannes Paul II. beginnt diese beeindruckende Reihe der Katechesen über die menschliche Liebe. Sie stehen da wie eine Kathedrale, ein Gesamtwerk von 129 Katechesen, in dem das Mysterium der Liebe und der Ehe beleuchtet wird, und zwar von einem biblischen, philosophischen, anthropologischen, theologischen, geistlichen, sakramentalen und ethischen Ansatz her. Nichts fehlt dieser Betrachtungsweise. Niemals wurde über die menschliche Liebe in all ihren Dimensionen solch eine umfassende Studie geschrieben – und nach meiner Kenntnis auch nicht in der profanen Literatur. Es wundert somit auch nicht, dass wissenschaftliche Ausgaben in mindestens zehn Sprachen vorliegen und dass das darin enthaltene Gedankengut immer mehr Früchte auf der ganzen Welt zeigt. In diesem Zusammenhang soll auch nicht die Instruktion *Donum Vitae* vergessen sein, die von der Weitergabe des Lebens handelt. In diesem Text spricht Johannes Paul II. über die Akte, die der Weitergabe des menschlichen Lebens dienen und die wirklich Liebenden zustehen. Ein negatives Urteil ist darin gesprochen über die Akte der künstlichen Weitergabe des Lebens, insofern sie das menschliche Leben in seinem konkreten Bezug mit der tiefen Gemeinschaft von Mann und Frau trennen.

In all diesen Texten ist eine Sorge der Kirche, die Menschlichkeit in dem zu zeigen, was menschliche Sexualität betrifft: Das Geschenk des Lebens ist verbunden mit einem Akt der Liebe. Auf dieser Sache zu beharren, ist eine große Neuheit. Vor einem Jahrhundert sprach man vom menschlichen Leben als einem Geschenk Gottes, was es tatsächlich ist, ein heiliges Geschenk, aber man zeigte nicht seinen unmittelbaren Zusammenhang mit dem Liebesausdruck der Eheleute. Das ist eine absolute Neuheit, eine kopernikanische Wende in der lehramtlichen Verkündigungsweise über die menschliche Liebe in der Förderung und Verteidigung des menschlichen Lebens. Man beachte auch, dass die Texte über die Familie, die Benedikt XVI. seit Beginn seines Pontifikates herausgibt, auf diesem Kurs weitergehen. Das erste Kapitel von *Deus caritas est* ist eine Erforschung der göttlichen Liebe, die ganz feinfühlig *eros* mit *agape* verbindet. Vom *göttlichen Eros* zu sprechen ist eine revolutionäre Ausdrucksweise.

Das Geheimnis, das betrachtet wird, sieht die Menschen in einem Mitwirken am göttlichen Willen und Tun. Man sieht jetzt noch kaum die Früchte dieses ganzen Unterfangens. Eine der Früchte ist das Institut Johannes Paul II., das dem Studium von Ehe und Familie gewidmet ist und das auf allen Kontinenten vertreten ist. Das ist eine Auswirkung der Katechesen von Johannes Paul II.

Hat wirklich Papst Johannes Paul II. die Katechesen selbst geschrieben?

J. L. Er hat sie auf Punkt und Komma redigiert. Ich kann Ihnen sagen, dass die vorletzte kritische Ausgabe in Englisch von dem in den USA lehrenden österreichischen Professor Waldstein herausgegeben wurde. Er hat die Titel und Untertitel des polnischen Manuskriptes, zu dem er Zugang hatte, aufgenommen. Die erste wissenschaftliche Ausgabe der Katechesen in Italienisch wurde vom Institut Johannes Paul II. in Rom schon 1986 vorgelegt. Und wir sind schon bei der achtzehnten Auflage! Es ist klar, dass die Mehrzahl dieser Texte, die von Johannes Paul II. selbst geschrieben wurden, ihre Quelle in der Arbeit des Philosophen Karol Wojtyla haben, weil sein Hauptwerk auf diesem Gebiet, *Liebe und Verantwortung*, schon 1960 herausgegeben wurde, achtzehn Jahre bevor er Papst wurde.

Das zeigt, dass die Kirche sich entwickelt und voranschreitet …

J. L. Die Kirche entwickelt neue Ausdrucksweisen eines Mysteriums, die sie unaufhörlich vertieft, aber sie gibt die gleiche Wahrheit weiter im Dienst des gleichen Mysteriums, dessen Reichtümer sie immer mehr durch neuere Betrachtungsweisen erhellt. Aber sie drückt immer wieder das gleiche Mysterium aus. Es gibt keine wesentliche Neuheit in dem, was Christus gestiftet hat, als er die Einheit der Eheleute zur Würde eines Sakramentes erhob. Die Kirche studiert, vertieft, sie setzt alle Wissenschaften ein und bewahrt die gleiche Lehrabsicht, die Johannes Paul II. die „Absicht Gottes mit Ehe und Familie“ nannte, als er vom „consilium Dei matrimonii ac familiae“ sprach. Die Kirche ist immer im Dienst dieser Absicht Gottes, aber ihr Dienst wird immer mehr vertieft. Wenn man ein Gut Gottes betrachtet und meditiert, entdeckt man immer mehr den Reichtum an Nuancen, Facetten und Farben, die sich nach und nach entfalten. Die Kirche schöpft dazu auch vom Beitrag der Kultur, in der sie sich befindet. Sie hat wirklich viel profitiert vom Beitrag der sogenannten personalistischen Philosophie in Deutschland und Frankreich, wie früher vom römischen Recht. Sie wird auch in Zukunft an diesen Beiträgen teilhaben.

Die Wegweisungen der Kirche in Bezug auf die Sexualität sind der Gegenstand eines dauernden Unverständnisses besonders auf Seiten der französischen Öffentlichkeit auf Grund eines eingefleischten Gallikanismus, den die Medien entwickeln und nach Gutdünken verschärfen. Die Meinung bleibt an einer Außensicht der Frage stehen, ohne die Gründe der katholischen Forderungen verstehen zu wollen. Benedikt XVI. spricht dennoch eine sehr klare Sprache, aber die Medien scheinen einen bösartigen Spaß daran zu haben, die allgemeine Taubheit zu bündeln.
„Wenn man Sexualität und Fruchtbarkeit grundsätzlich voneinander trennt, wie es durch die Anwendung der Pille geschieht, dann wird Sexualität beliebig. Dann sind in der Folge auch alle Arten von Sexualität gleichwertig. Dieser Auffassung, die Fruchtbarkeit als etwas anderes betrachtet, womöglich so, dass man die Kinder rational produziert und sie nicht mehr als ein natürliches Geschenk sieht, ist ja auch sehr schnell die Gleichbewertung der Homosexualität gefolgt." (Benedikt XVI., Licht der Welt, Herder, S. 175)

Was sagen Sie zu diesem Thema?

J. L. In dieser ernsten und realistischen Feststellung, die Sie dargelegt haben, sind zwei Elemente. Ein Element ad intra, wenn Sie vom Gallikanismus sprechen, der sich auf eine kirchliche Strömung bezieht, die unserem Land eigen ist, die ihre historische Wurzeln hat und die sich skeptisch in einer gewissen Distanz zu Rom entwickelt hat, das sie als Eindringling oder zentralistische Kraft betrachtet hat. Nun, der Gallikanismus ist nur der französische Ausdruck einer Gegebenheit, die nicht das ausschließliche Vorrecht des französischen Zusammenhanges ist. Bei uns handelt es sich um eine kirchliche Sensibilität, die sicherlich nicht verschwunden ist, die aber zweifelsohne weniger spürbar ist, als sie es in der Vergangenheit war. Anderswo begegnet man anderen Fragen und Problemen, die wir bei uns weniger haben. Jede Kultur hat eine Schwäche in Hinsicht auf die Annahme und Aufnahme der Wahrheitsverkündigungen der Kirche. Wir wollen das nicht zu hoch ansetzen, was wirklich und wohl bekannt ist, das man aber nicht für alle religiösen Familien und Menschen verallgemeinern kann. Was die Dynamik der Kirche belebt, auch das, was die kirchliche Gemeinschaft ausmacht, geschieht in den unterschiedlichen Formen gemäß den Kulturen und Ländern.

Die Dimension ad extra hingegen, die Ihre Fragestellung aufzeigt, bezieht sich auf den Einfluss der Sichtweise und einer Kultur, die von den Medien durchgesetzt wird. Es gibt eine echte Schwierigkeit aufgrund des globalen Charakters dieser Verbreitung kultureller Modelle, die die sexuelle Praxis banalisieren. Da sie immer unsensibler mit der Schönheit einer versprochenen Liebe umgeht, stellt sie eine Auffassung der Sexualität entgegen, die nur auf die persönliche Befriedigung aus ist und das maximale Vergnügen sucht. Die Wirklichkeit dieses nebulösen Hedonismus erfordert eine Standhaftigkeit in der Verteidigung der christlichen und menschlichen Werte der Liebe und der Ehe. Man kann versuchen, dies ohne Spannungen zu tun, auch nicht mit dem Ziel der Spaltung der Gesellschaft, aber auch nicht mit Naivität. Das ergibt eine ganze Reihe von Fragen zur Erziehung der Jugend, der Kinder, der Heranwachsenden, der Familien. Das ist eine große Herausforderung, an die man mit Vertrauen und auch mit einer klaren Zielrichtung herangehen muss. Das Zeugnis, das man für die Liebe ablegt, fordert Standhaftigkeit und Mut.

Trotz der Heftigkeit des Kreuzfeuers auf die Kirche gibt sich diese dennoch nicht zufrieden mit der Herausgabe von theoretischen Normen. Sie schlägt unter anderem die Hilfe für die Aids-Erkrankten vor; Aids ist eine der großen Wunden, an der die Liebe heute leidet.

> *„Die Kirche tut mehr als die anderen, weil sie nicht nur von der Tribüne der Zeitung aus redet, sondern den Schwestern, den Brüdern vor Ort hilft.“* (Benedikt, a. a. O., S. 145)

Haben Sie Beispiele für dieses konkrete Engagement der Kirche auf diesem Gebiet oder andere Aktionen, die der Kirche erlauben, einen echten Dienst an ihrer Autorität sicherzustellen gegenüber den Menschen, an die sie sich wendet?

J. L. Ja. Das Beispiel Aids ist sehr bekannt, denn es wurde in den letzten Jahren viel darüber gesprochen. Das Thema Aids hat eine polemische

Form angenommen, als man die Position der Kirche mit den Präventivmaßnahmen konfrontiert hat, die im Allgemeinen von den Gesundheitsbehörden verschiedener Länder vorgenommen wurden, Maßnahmen, die sich auf eine Methode beschränkten, die nur in der Verteilung von Kontrazeptiva bestand. Man ließ Erziehungsmaßnahmen beiseite, die sich auf die Treue, die Selbstbeherrschung und auf die Beschränkung auf einen Partner beziehen, die aber eine große Wirkung zeigten, wie man in einigen Ländern Ostafrikas feststellen konnte. Die Kirche ist äußerst aktiv in der Behandlung der Aidskranken. In Afrika stellt sie mehr als ein Viertel der Logistik der Behandlung und Begleitung der Kranken, was man im Allgemeinen nicht weiß, geschweige denn das Bildungsangebot auf diesem Gebiet für die Kinder, die Heranwachsenden und jungen Menschen in diesem Bereich. Die Arbeit dicht am Menschen, die von mehreren christlichen Organisationen in Afrika auf diesem Gebiet geleistet wird, ist beispielhaft. Ich denke insbesondere an das, was der afrikanischen Föderation der Familienvereinigungen gelungen ist.

Aids ist nicht das einzige Gesundheitsproblem. Es gibt auf der Welt viele andere schwere Krankheiten. An erster Stelle steht Malaria, an der mehrere Millionen Menschen jährlich sterben. Andere Krankheiten sind seltener, aber es gibt sie immer noch. Ich denke an Aussatz, an die Krankheiten, die eine hohe Kindersterblichkeit durch die mangelhaften hygienischen Bedingen der Krankenunterkünfte zur Folge haben.

Ich finde es sehr interessant, einmal deutlich darauf hinzuweisen, dass in den Ländern, in denen die Christen eine sehr kleine Minderheit darstellen, die Kirche im öffentlichen Gesundheitswesen eine wichtige Rolle spielt. Nehmen wir als Beispiel Indien: Die Christen stellen dort etwa 4 % der Bevölkerung des Landes. Die Kliniken und Krankenhäuser, die medizinischen Vorsorgestationen und Impfstationen, auch die Grundschulen und weiterführenden Schulen werden nahezu bis 25 % von der Kirche unterhalten. Wie kann die Bevölkerung, die nur 4 % eines Landes darstellt, so sehr zum Allgemeinwohl einer riesigen Nation von mehr als einer Milliarde Menschen beitragen? Das ist ein Beispiel, das in den Medien nie erwähnt wird, das nicht einmal bei den Katholiken Europas bekannt ist, wo man die Fürsorge der Christen und der Kirchen verschiedener Herkunft am Dienst an den Armen und Kranken misst. Was soll man denn noch sagen über die Impfstationen und Hospitäler wie auch über die Gesundheitsaktionen der Ordensleute in Afrika? Oder von den Alphabetisierungskampagnen? In Afrika werden 50 % der Alphabetisierung von Christen durchgeführt. Das ist gewaltig. Es gibt Orden, die den wesentlichen Anteil ihrer Männer und Frauen für diesen einfachen Entwicklungsdienst zur Verfügung gestellt haben, ohne irgendwelches polemisches Aufsehen zu machen. Und das ist nicht bekannt. Oder wenn es allenfalls bekannt ist, wird es totgeschwiegen.

Können Sie uns in dem Zusammenhang, was Sie von der Kirche und ihrem Engagement vorgestellt haben und wie sie im Dienst aller steht ohne Ansehen der Kultur und Religion, etwas erzählen von der Tätigkeit des Instituts Johannes Paul II. in seinem Einsatz an vielen Orten der Welt für den Dienst an der Familie? Diese Bildungsinstitute, von denen es noch keine Filiale in Frankreich gibt, sind wenig bekannt.

J. L. Die Kirche engagiert sich auch bei der Erstellung von Bildungsinstituten, die manchmal eine unerwartete Wirkung zeigen. Das Institut Johannes Paul II. mit seinen Studien über Ehe und Familie ist dafür ein gutes Beispiel. Es wurde am 13. Mai 1981 gegründet, wie übrigens auch der Päpstliche Rat für die Familie, als dessen Sekretär zu dienen ich die Ehre habe. Erinnern Sie sich, es ist der Tag des Attentats auf Johannes Paul II. auch der Festtag der Muttergottes von Fatima. An diesem Tag war geplant, dass der Papst in öffentlicher Audienz die Gründung dieser beiden Organe bekannt geben sollte. Johannes Paul II. wünschte ein Institut aufzubauen, das auf einem wissenschaftlichen, universitären Niveau auf allen Gebieten forscht, die verbunden sind mit der menschlichen Liebe, mit einer grundlegenden und speziellen Sittenlehre, mit den Humanwissenschaften, mit der Bioethik, und daraus ging das Institut für Ehe und Familie hervor, das spätere Institut Johannes Paul II. Und gleichzeitig wollte er auch im Vatikan einen neuen Rat einrichten, der sich ganz speziell mit dem pastoralen Dienst an der Familie befasst.

Es besteht aus meiner Sicht ein sehr bezeichnender Zusammenhang darin, dass diese beiden Organe an dem Tag gegründet wurden, wo das Feld der Kirche gleichsam befruchtet wurde durch das Blut eines echten Bekenners des Glaubens und der noch am 1. Mai 2011 seliggesprochen wurde. Das Institut Johannes Paul II. wurde zuerst in Rom aufgebaut. Verschiedene Länder haben dann die Eröffnung einer Niederlassung gewünscht. So wurden nacheinander an folgenden Orten Institute errichtet: Washington, Mexiko, Salvador de Bahia, Cotonou in Benin, Changanacherry in Indien, Melbourne in Australien, Valencia in Spanien. Weitere Institute sind derzeit im Aufbau in Südkorea, im englischsprachigen Afrika in Sambia, auf den Philippinen, im Libanon. Die Originalität dieser Einrichtungen besteht in einer echten Einheit der Lehre über die Grundlagen und gleichzeitig in einer Autonomie der Verwaltung.

Die Kirche gründet nur eine neue Institution bei erwiesener Notwendigkeit. Sie ist frei, neue Strukturen zu schaffen, sie eventuell umzugestalten oder sie aufzuheben. Das Institut Johannes Paul II. ist eine Universitätseinrichtung päpstlichen Rechtes. Der Rat für die Familie ist seinerseits von beachtlicher Wichtigkeit hinsichtlich seines Dienstes an allen Familien auf der Welt zu Fragen von Ehe und Familie, meistens durch die vermittelnde Tätigkeit von Familienbewegungen. Ein anderes Beispiel: die Päpstliche Akademie für das Leben. Sie ist entstanden nach den Gesprächen zwischen Johannes Paul II. und Professor Jérôme Lejeune, dessen Seligsprechungsprozess vor einigen Jahren in der Erzdiözese Paris eröffnet wurde. Diese Akademie, die 1994 unter der besonderen Förderung von Elio Sgreccia gegründet wurde, hat beachtliche Beiträge in der Auseinandersetzung bezüglich aller Fragen zur Verteidigung und Förderung des menschlichen Lebens geliefert.

Die Bemerkung sei auch erlaubt, dass von allen großen Religionen die katholische Kirche die Einzige ist, die auf den Plan tritt, um ihre Positionen in den Medien zu vertreten und dabei genau weiß, dass sie sich Missverständnissen und zornigen Attacken aussetzt. Was denken die Muslime über die Abtreibung? Was denken die Juden über die homosexuelle Heirat? Man hat nicht die geringste Andeutung einer Antwort auf diese Fragen. Gehört es zur Eigenart der Kirche, die auf der ganzen Welt das gleiche Oberhaupt hat in der

Person des Nachfolgers Petri, oder kann man von einem speziellen Mut der katholischen Kirche sprechen, die sich nicht davor fürchtet, die Frohbotschaft zu verkünden und sich dabei, durchaus verwundbar, in die Höhle des Löwen wagt?

J. L. Man kann nicht sagen, dass die anderen religiösen Überlieferungen keine Antwort auf die von Ihnen angesprochenen Probleme bieten würden. Aber ihre Stellungnahmen sind nicht immer zu hören auf Grund der ihnen eigenen Verschiedenheiten der Überlieferungen. Die Juden haben bekannte Stellungnahmen bezüglich des Lebensschutzes. Es gibt auch eine muslimische Überlieferung. Ich habe an Kolloquien mit Muslimen über die Familienfragen im Libanon und in Afrika teilgenommen, besonders über die Frage der Mischehen zwischen Katholiken und Muslimen. Es gibt auch in anderen Überlieferungen eine Vertiefung des Geheimnisses der Liebe und der Institution Ehe.

Auf jeden Fall ist sicher, dass die Kirche die Einzige ist, die ständig auf den Plan tritt. Das hat seinen Grund in einer ganz konkreten und praktischen Sache. Sie ist die Einzige, die ein Lehramt hat, denn sie sieht es in ihre Verantwortung gestellt, die Menschen darüber aufzuklären, was für sie gut ist, was sie glücklich macht und was sie nicht glücklich macht, und über das, was gegen Naturrecht und göttliches Recht verstößt. Sie hält aus Überzeugung, aus innerer Sicherheit und gleichermaßen aus ihrem Wissen daran fest, dass Christus ihr die Schlüssel seiner Kirche anvertraut hat, zuerst durch den Mund der Apostel und deren Nachfolger. Sie hat die Gewissheit, vom Heiligen Geist geführt zu werden in ihrer Aufgabe, die christliche Lehre weiterzugeben und zu erläutern, was definitiv erlaubt ist, nicht nur in Sachen des Glaubens, sondern auch der Sitten.

Mehrere lehramtliche Texte stützen sich nicht nur auf die apostolische und lehramtliche Tradition, sondern auch auf die Forderungen des Naturrechts (Humanae vitae, Veritatis splendor, Evangelium vitae zum Beispiel). Die Kirche ist die Einzige, die ein Lehramt ausübt, das für den katholischen Glauben als eine klärende Autorität aufgefasst wird, das alle Menschen leitet. Ein Mensch, der aus dem Glauben lebt, hört auf die Unterweisungen der Kirche. Der Kirche nur aus mehr oder weniger diffusen spirituellen Motiven heraus zu folgen und sich dabei nicht für die ethischen Inhalte ihrer Lehre auf moralischem Gebiet zu interessieren, genügt nicht. In der Tat ist es so: Das Ganze, was die Kirche insgesamt überliefert aus der Verantwortung der Apostel und ihrer Nachfolger, die mit dem Nachfolger Petri vereint sind, erweckt im Herzen des Gläubigen eine aufrichtige Gefolgschaft. Petrus hat eine spezielle Verantwortung hinsichtlich des Apostelkollegiums.

Die Kirche hat eine Stimme, die gehört wird. Sie wird angegriffen, denn sie wird nicht immer verstanden. Ihr Werk wird manchmal anerkannt jenseits ihrer Grenzen, vor allem, wenn sie ihre prophetische Stimme zu den Weltereignissen erhebt.

In der Geschichte der Gegenwart gab es mehrere Konflikte, bei denen die Kirche als Einzige Position bezogen hat, deren Richtigkeit man im Nachhinein erkannt hat. Sehr oft hat die Kirche den Mut, eine Position zu vertreten, von der sie weiß, dass sie nicht nur in einer Minderheit steht, sondern sogar auch allein dasteht. Sie wird also so geführt, dass sie ihr Zeugnis ablegt, obwohl es sie viel kostet. Das gehört zu ihrem Auftrag, sogar zu ihrem Wesen. Und dann möchte ich noch hinzufügen, dass sie wiederholt mit Erfolg bei der Lösung von Konflikten interveniert hat.

Die katholische Kirche schlägt ein pädagogisches Konzept für die Liebe vor: Lieben kann man lernen, und während des ganzen Lebens kann man für diesen Lernprozess etwas tun. Deshalb spielt die Familie eine helfende Schlüsselrolle für die Kinder bei ihrer Entdeckung, dass man in der Liebe wachsen kann. Es ist möglich, dass die moderne Welt, insbesondere die westliche, nicht mehr fähig sein wird, ein Lehramt, von wem auch immer, zu tolerieren. Aber es ist auch wahr, dass die christliche Auffassung von Liebe anspruchsvoll ist. Mit viel Gespür drückt Alain Quilici das so aus: „Es ist gar nicht so einfach, geliebt zu werden, vor allem von Gott, und zu lieben in der Höhenlage der göttlichen Liebe.“ Ist diese Einsicht nicht entscheidend auf dem Weg der Liebe und ein Schritt, der täglich neu getan werden muss?

J. L. Ja, auf jeden Fall. Zu Christus gehören und sich anzustrengen, nach besten Kräften auf der Höhe seiner eigen Berufung zur Liebe zu bleiben mit den Ansprüchen für das persönliche Verhalten, das ist ein Aufbrechen, das jeden Tag erneut mit der Hilfe des Heiligen Geistes getan werden muss. Man kann sich nicht ausschließlich auf sein persönliches Durchhaltevermögen und seine eigene Willenskraft stützen. Es ist wahr, dass heute eine wachsende Schwierigkeit vorhanden ist, die Legitimität einer Autorität anzuerkennen, ob sie nun von Eltern, Institutionen oder Vorgesetzten ausgeht. Schon der Gedanke an ein Lehramt stört bis in einzelne Bereiche der Kirche. Das Aufnehmen ihrer Weisungen für den Gläubigen erneuert sich täglich beim Sichöffnen für die Gnade Gottes und dem geistlichen Leben, das sie spendet. Es ist nicht leicht, immer treu in jeder Hinsicht zu sein. Aber tagtäglich gibt uns Gott seine Gnade, es immer besser zu machen. Die Heiligen sind diejenigen, die beständig den gegenwärtigen Augenblick in der Gnade Gottes gelebt haben. Fest verankert mit ihm zu sein in Freundschaft in der Beachtung der gelebten Grundsätze, die auch durchgebetet werden, ist für sie zur zweiten Natur geworden, gleichsam ein natürliches Atmen.

Die Liebe muss jeden Tag erneuert werden. Keine Situation ist der Hoffnungslosigkeit ausgeliefert. Die Kirche als Erzieherin ist von Grund auf optimistisch. Sie auch?

J. L. Die Kirche ist insofern optimistisch, als sie weiß, dass sie die Mittel zum Heil vom Herrn selbst empfangen hat. Ihre Begründungen sind geistlich, kirchlich und theologisch. Ihr geschichtliches Maß ist eschatologisch. Die Kirche weiß, dass Christus Sieger über den Tod, über das Leiden und über das Böse ist. Es gehört zu ihrem Wesen, dass sie grundlegend nur die Hoffnung auf Christus den Menschen vermittelt. Sie kann nicht miesmacherisch, melancholisch, nostalgisch sein oder nur aufs Vergangene blicken. Sie wirkt aus der Ganzheit ihrer Geschichte, denn sie weiß, dass der Heilige Geist sie in keinem Moment im Stich gelassen hat. Die Kirche nimmt dabei ihren ganzen Erfahrungsschatz mit hinein, insofern sie sich das zu eigen macht, was Christus für sie getan hat in seinem Beistand durch die Jahrhunderte. Sie ist Hoffnungsträgerin. Das heißt, sie hat auch die Mittel der Erkenntnis, was den Menschen bedroht, was eine Quelle der Ungerechtigkeit ist, was den Frieden bedroht, alles das, was den Menschen von Gott trennt. Sie ist realistisch. Sie ist jedoch ganz auf die Gegenwart Gottes ausgerichtet und nicht auf eine Art Ideal in der Zukunft. Die Gegenwart Gottes umfasst die Zukunft.

Die christliche Familie hat letztendlich zwei Ideale, auf die sie schaut: die Heilige Dreifaltigkeit und die Heilige Familie von Nazaret. Meine Frage bezieht sich auf die Jungfräulichkeit. Ich sehe, dass in der Nazaret-Familie alle drei Familienmitglieder, Josef, Maria und Jesus, jungfräulich sind. Könnten Sie uns etwas sagen über die Jungfräulichkeit inmitten der Familie, zumal man doch eher Jungfräulichkeit mit dem Priester- und Ordensstand verbindet?

J. L. Ihre Sicht ist richtig. Es gibt einen tiefen Bezug zwischen dem Ehestand und dem Stand der Geweihten. Davon muss man ausgehen, denn einer erklärt den anderen. Die Jungfräulichkeit ist nicht eine Amputation der ganzen Affektivität von Mann und Frau. Sie ist die Wahl einer freiwilligen, in sich stimmigen Liebe, einer „verrückten" Liebe, um mit den Worten von Jacques Maritain zu sprechen. Das ist eine Gottesliebe von der Art, dass man ihm alles anbietet. Im Wesentlichen ist es eine Tat der Liebe und nicht eines Verzichtes. Man bietet Gott das an, was im Tiefsten unseres Herzens und unserer Gefühlswelt ist, als ein Totalgeschenk unserer Person. Das muss täglich neu erobert werden. Es ist nicht ein erworbener Zustand, denn der Mensch ist in seiner ihm eigenen irdischen Beschaffenheit nicht ein Engelsgeschöpf. Er muss immer wieder diesen Akt des Sichverschenkens an Gott in seinem Inneren erneuern.

Bei der Ehe wurde schon klar gesagt, dass es sich um einen Akt der Liebe handelt, der das Geschenk der ganzen Person an die andere beinhaltet. Ein Akt tiefster und in sich stimmiger Liebe, der auch ein Mittel der Heiligkeit, der Freundschaft mit Gott ist. Warum? Weil Gott im Inneren dieses gegenseitigen Geschenkes ist. Und nun ist Gott in beiden Lebensständen anwesend.

Aber beim Ehestand gibt es eine Vermittlung, nämlich die der ehelichen Liebe. Aus diesem Grund ist die Ehe ein Sakrament. Die Jungfräulichkeit der Weihe hingegen ist kein Sakrament. Es gibt kein Sakrament des Weihestandes. Der Grund dafür ist, dass die geweihte Jungfräulichkeit im Weihestand schon das vorweglebt, was der Zustand im Himmelreich sein wird. Es gibt eine prophetische und eschatologische Dimension für den geweihten Stand der Jungfräulichkeit. Im Ehestand gibt es auch ein übernatürliches Ziel, aber der Weg der menschlichen Liebe in seinem körperlichen Ausdruck ist eine Vermittlung, die am Lebensende aufhört. Paulus sagt, die Ehe ist eine Wirklichkeit für das Leben in dieser Welt. Im Himmelreich gibt es weder Ehemann noch Ehefrau weder Mutter, noch Vater, sagt der Apostel. Das soll aber keinesfalls heißen, dass die Bande, die in der Ehe geknüpft wurden, für die Ewigkeit verloren sind. Aber was von diesem ehelichen Leben weiterdauert, ist die echte Liebe zwischen den Ehegatten in ihrer ganzen Fülle, eine Liebe, die in alle Ewigkeit von der göttlichen Quelle jeglicher Liebe gespeist wird. Das ist einer der Gründe, warum die Vorbereitung auf die Ehe von solcher Wichtigkeit ist. Die Ehe ist tatsächlich eine Möglichkeit, aus der menschlichen Liebe ein vorzügliches Mittel zur Gottesbegegnung zu machen und sich auf das ewige Leben vorzubereiten, ohne der Liebe Gottes ein Hindernis zu sein. Dagegen bedeutet die Wahl einer menschlichen Bindung, die von vornherein Gott ausschließt, dass man dieser Bindung ihre eigentliche Bestimmung beraubt. Man muss sehen, dass in dem Maße, wo eine sakramentale eheliche Liebe die liebende und verlebendigende Anwesenheit Gottes und Christi lebenslang mit hineinnimmt, sie unweigerlich zur ewigen Freundschaft mit Gott führt.

Bei der geweihten Jungfräulichkeit braucht es keiner Vermittlung. Deshalb gibt es auch kein sichtbares Zeichen. Sie ist eine Wahl des totalen Geschenkes, das gleichsam die Art des eigentlichen Lebens im Himmelreich vorwegnimmt. Wir wissen davon lediglich, was die Freude der Heiligen darüber lehrt, so wie unser Leben vom Auferstehungslicht Christi erhellt wird. Wir wissen darüber auch etwas durch die Freude, die wir empfinden, wenn wir manchmal, wenn auch schwach, etwas von der Wirklichkeit des Himmelreiches erleben. Ich denke besonders an die Barmherzigkeit in ihrem theologischen Sinn, an die Liebe für das geistige Wohl des anderen.

Ich komme auf den Begriff der Person zurück. Das ist der grundlegende Beitrag des Christentums zur Kultur, der in der Entschleierung des einen Gottes in drei Personen verwurzelt ist. Wir sind nach dem Bild und Gleichnis Gottes erschaffen. Das ist das Fundament unseres Daseins. Wir sind Personen, die dafür da sind, mit anderen in Beziehung zu treten, um in der Liebe zu wachsen und zu unserer Quelle des Lebens, zu Gott, zurückzukehren. Die Kirche vertritt im Dienste am Menschen diese Lehre über den Menschen als universell. Im Verständnis des Zweiten Vatikanums stellt sich die Kirche in den Dienst an der Gesellschaft. Sie arbeitet nicht nur für ihre Pfarreien.

J. L. Die Kirche hat die Berufung, aus sich als Institution herauszutreten. Der Beweggrund, der sie trägt, wenn es ein echter geistlicher und göttlicher ist, ist ein Heraustreten aus Liebe. Sie wird somit aus ihren bisherigen Rahmen herausgeholt, um für Christi Liebe Zeugnis abzulegen, zu predigen in Beispiel und Wort und um für diejenigen in einer dienenden Aufmerksamkeit zu sein, die an allem möglichen Mangel leiden. Sie hat einen engen Bezug zum Gemeinwohl der Gesellschaft, einen ähnlichen Bezug, wie die Familie ihn mit der Gesellschaft hat und von dem wir schon gesprochen haben, nämlich dass die Familie im Dienst der Gesellschaft ist. Es gibt auch eine Verbindung zwischen Kirche und Allgemeinwohl, denn die Kirche kann kein Desinteresse zeigen am Wohl der Menschen, am Wohl der Gesellschaft. Jedes Mitglied der Kirche ist auch Bürger. Sie selbst ist übrigens eine tragende Gesellschaft eines Allgemeingutes, das ihr eigen ist, nämlich das der Gemeinschaft der Heiligen.

Die westliche Gesellschaft muss sich mit der Säkularisation auseinandersetzen, mit dem Verlust der christlichen Wurzeln des Menschenbildes, das jedoch alle humanen Werte hervorgebracht hat. Aber die westliche Welt hat heute mit einem anderen Phänomen zu tun, das sie schlecht einschätzen kann. Und die Kirche ebenso. Ich möchte vom Islam sprechen, der in unseren Gesellschaften christlichen Ursprungs ein Grundverständnis der Person einführt, das von dem christlichen sich unterscheidet. Im Islam ist der Mensch nicht geschaffen nach dem Bild Gottes, denn Gott ist nicht der Eine in drei Personen. Dieser Gott ist so transzendent, dass er unzugänglich wird. Was können Sie auf den

Weg bringen in diesem Problemfeld, mit dem die Kirche sich immer mehr in zugespitzter Weise auseinandersetzen muss?

J. L. Es gibt im Islam ein zahlreiches Erbe an Überlieferungen. Zwischen den Überlieferungen gibt es große Unterschiede: die schiitische, sunnitische Überlieferung und den Sufismus.

Vom Islam in einer Gesamtheit zu sprechen, ist schon schwierig, insofern auch, weil der Islam kein Lehramt hat, das für alle Moslems sprechen könnte. Die intellektuellen Überlieferungen variieren unter sich von einem Religionszentrum zum anderen, von einer Universität zur anderen. Heute kommt man nicht daran vorbei, vom Islam in den modernen westlichen Gesellschaften zu sprechen. Man muss also darauf eine gute Antwort parat haben, wohlwissend, dass darin Zündstoff ist. Der Grund dafür ist, dass wir uns in einer Entwicklungsphase befinden. Wenn der Kontakt des Islam mit der westlichen Gesellschaft ein gleichbleibendes wäre, das auch in seinen Umrissen konstant bliebe, könnte man Beiträge leisten und sie vertiefen.

Selbst wenn man von jeder politischen Option absehen würde, muss man doch ganz klar sehen, dass wir uns in einer Entwicklung befinden. In bestimmten Ländern wird diese Entwicklung beschleunigt. Die Frage, die sich stellt, zielt nicht so sehr auf den Islam in seiner Vielfalt als vielmehr der Fähigkeiten der westlichen Gesellschaften, Gesprächspartner für den Islam zu sein, gerade im Zusammenhang mit dieser Entwicklung. Was können sie gleichzeitig hinüberbringen und aufnehmen? Was kann eine Gesellschaft ausrichten, die nicht mehr an sich selbst glaubt, die hilflos vor dem demografischen Überleben steht, die ihr kulturelles und geschichtliches Erbe falsch aufnimmt und ihre historischen Wurzeln verleugnet?

Man kann endlos Überlegungen anstellen bezüglich möglichen Austausches mit dem Islam. Ich hatte Gelegenheit an mehreren bilateralen Treffen auf Universitäts- und kirchlicher Ebene teilzunehmen über Themen, die wir vorgeschlagen haben. Es fehlte nicht an Themen bei den Besprechungen: die Auffassung über die Ehe, über Mischehen, über die Verteidigung des menschlichen Lebens mit seinen damit verbundenen ethischen Konsequenzen, über die Religionsfreiheit. Aber Ihre Frage geht über das hinaus, was man auf akademischem und rein intellektuellem Niveau vertiefen kann. Sie fordert mehr heraus; sie besteht darin, dass man sich sagt: Was ist im Istzustand unserer sich fortlaufend entwickelnden Gesellschaft möglich, der Gesellschaft insgesamt anzubieten, damit ein normales Leben und ein Zusammenleben möglich sind in einem möglichst friedlichen Umfeld? Die durch diese Frage aufgeworfenen Aspekte sind sehr unterschiedlich. Manche beziehen sich auf den sozialen, wirtschaftlichen und finanziellen Ausgleich, andere auf die rein demografische Perspektive, die im Westen ein Problem ersten Ranges darstellt. Die Frage der Beziehung mit dem Islam ruft unter diesen verschiedenen Blickrichtungen die Entscheidung der politisch Verantwortlichen auf den Plan.

Was unmittelbar jetzt vorgenommen werden könnte, wäre ein gemeinsames Zusammenwirken mit den Moslems über die aufgeworfenen Themen und über einige gesellschaftsrelevante Fragen: die Achtung des menschlichen Lebens, die Lebensbedingungen der Familie, die genaue Sicht der konkreten Auswirkungen der neuen bioethischen Gesetze, der Schutz der Kinder und Jugendlichen, die Frage des Einfalls der Technologie in die persönliche Intimsphäre, die öffentliche Moral. Alle diese Bereiche interessieren sowohl Christen wie Moslems. Man könnte auch unsere gläserne Gesellschaft anführen.

Wir haben den Raum und die Zeit abgeschafft. Weil man in Echtzeit über alles informiert ist, was auf unserem Planeten geschieht, vergisst man, dass Raum und Zeit die beiden großen Prägungen für den Menschen sind, die bisher dem menschlichen Leben seine Grundform gegeben haben. Diese Strukturen sind seit dem Eindringen der Technologie in die Privatsphäre des Menschen so gut wie abgeschafft worden. Papst Benedikt XVI. hat während seines Besuches in Venedig einen eigenartigen Ausdruck benutzt, den er von einem zeitgenössischen Soziologen aufgenommen hat, um die Zerbrechlichkeit unserer durchsichtigen und zugleich instabilen Gesellschaften zu umschreiben: Er hat sie „fließende“ Gesellschaften genannt. Der Ausdruck „fließen“, auf eine Gesellschaft angewandt, drückt ihre Vorläufigkeit, ihre gefährdete Stabilität, ihren wechselhaften, kurzlebigen und relativistischen Charakter aus, ihre Unbeständigkeit.

Sie bringen den Raum und die Zeit ins Spiel. Ist das auch ein Bezug zur Geschichte, die heute in Frage gestellt wird?

J. L. Das Geschichtsstudium der Kinder und Jugendlichen in unserem eigenen Land verschlägt einem die Sprache. Der Geschichtsunterricht in Frankreich ist praktisch auf das vergangene Jahrhundert beschränkt, eigentlich auf die letzten fünfzig Jahre. Schon vor dreißig Jahren begann man mit der Französischen Revolution. Die heutige Jugend hat oftmals nicht eine Stunde für das Kennenlernen der Geschichte ihres Landes vor 1789 oder 1914 verwendet. Das ist eine Wirklichkeit, die bezeichnend ist für die Sicht auf den Menschen. Wenn man eine zweitausendjährige Geschichte hat, kann man nicht achtzehn oder neunzehn Zwanzigstel von ihr amputieren. Wenn man das tut, ist man nicht mehr Vermittler dieses Reichtums. Man kann das nicht mehr zusammenbekommen, was unsere Väter noch zusammengebracht haben, nämlich die bedächtig ineinander fließenden Zeitströme. Zwei Worte nur zur demografischen Frage. Zwei einsichtige und nachvollziehbare Vorstellungen zeigen, dass unsere althergebrachten Gesellschaften außerordentlich instabil geworden sind. Wir stehen an der Schwelle einer großen Entwicklung, die es verunmöglicht, wie die Art der sozialen Bindung gesichert wird. Die Bedingungen dieser Sicherung liegen in der unmittelbaren Verantwortung der Regierenden. Was die Christen betrifft, diese können nur insofern aufrichtig und furchtlos mitsprechen, indem sie ihren Glauben leben, wie sie ihre Identität bewusst vertreten und ohne Kleinmut dafür einstehen. Man befindet sich hier auf einem Terrain, das eminent politisch wird, wo die oft kurzlebigen politischen Positionen durch Vorurteile, Wechselwahl und Ideologien affektiv angereichert sind. Noch einmal: Um diese Frage gelassen anzugehen, muss man die Frage nach dem eigenen Gut und seinem eigenen Wesen stellen. Dann kann man die Frage nach dem anderen stellen. Die Vorgehensweise des Christen und die der Liebe ist: Was habe ich anzubieten? In der Gesellschaft, in der ich lebe und die ich nicht ausgesucht habe, in diesen verschiedenen Strömungen, die ich nicht gewalttätig zurückweisen kann, geht es darum: Was kann ich geben? Ich stoße an meine Grenzen, aber auch an das, wofür ich eintrete. Hinter alldem steht die Liebe zum Allgemeinwohl, zu seinem Land, zu seiner Geschichte und seinen Traditionen auf dem Spiel.

Ich las neulich in einer Artikelüberschrift die grundlegende Frage: Gibt es eine Lösung für den Islam in unseren Gesellschaften? Unsere westlichen Gesellschaften sind christlich, vom Christentum geprägt, selbst wenn sie es zurückweisen oder es nicht bekennen. Die islamische Familie funktioniert überhaupt nicht nach den gleichen Grundlagen. Kann man zwei Modelle von Familie in einer einzigen Gesellschaft haben?

J. L. Sie kommen häufig auf den Islam zurück, was die Bedeutsamkeit dieser Fragestellung zeigt. Die westliche Tradition, die vom Christentum geprägt ist, hat bis jetzt ein Gesetzesmodell verteidigt, das auf der Einehe eines Mannes mit einer Frau begründet ist und somit auf der Familie als einer Zelle, die auf der Verbindung zwischen zwei Eltern begründet ist. Ich erinnere in diesem Zusammenhang, dass unsere Gesellschaft beginnt, sich von diesen Modellen zu entfernen, die sie im Laufe der Geschichte konstituiert haben. In der islamischen Überlieferung gibt es viele Intellektuelle und religiös praktizierende Moslems, die der Einehe den Vorzug geben. Trotzdem gibt es in der gemeinsamen Auffassung des Islam diese Vorstellung von vier möglichen Ehefrauen, eine Vorstellung, die ein Familienmodell beinhaltet, das nicht notwendigerweise auf der Einehe beruht.

Noch einmal: Es tut mir leid, es wieder und wieder in einer Art sagen zu müssen, die vielleicht nicht der politischen Sprachregelung entspricht: Wenn wir einer Gesellschaft angehören, die ihre eigene jahrhundertealte Auffassung von Ehe in Frage stellt, und nicht nur der Einehe, sondern auch der verschiedengeschlechtlichen Ehe und einer Ehe, die offen ist für Kinder, dann braucht man sich nicht zu wundern, dass diese Gesellschaft sich hilflos vorkommt, wenn sie plötzlich vor einem Auftreten einer Tradition steht, in der die Sorge um eine Familie in Einehe nicht an erster Stelle steht. Wenn man auf der gesetzgeberischen Ebene nicht das wirkliche Wesen der institutionellen Ehe verteidigt, kann man sich nicht auf friedlichem Wege mit anderen Traditionen auseinandersetzen.

Das Problem liegt tatsächlich bei uns. Wenn man zum Beispiel sagt: Wir führen die homosexuelle „Ehe" ein mit der gleichen Rechtslage wie die bestehende heterosexuelle Ehe, dann kann man vielleicht entsprechende Gesetze erlassen, ungeachtet der Tatsache, dass es nicht ein Mehr an ethischer Rechtfertigung gibt bei einer homosexuellen Ehe als im Zusammenhang mit einer Vielehe.

Wenn wir eine schwierige Debatte mit dem Islam führen, dann liegt das daran, dass wir nichts mehr anzubieten haben als glaubwürdiges soziales Modell. Vier Frauen zu haben, ist für die Moslems nicht ein Zugeständnis, sondern eine rechtliche Institution. Genau das Gleiche bei der Vielehe in Afrika, sie folgt rechtlichen Vorschriften, die manchmal mehr Respekt der dritten oder vierten Ehefrau gegenüber vorweisen als ein entarteter Vertreter der westlichen Welt gegenüber seinen Eroberungen! Das Problem ist doch somit, dass wir nicht aufgeben, was uns hervorgebracht hat. Es ist unmöglich, diese schwierigen Fragen anzugehen mit einer ziemlich vagen, auf einer allgemeinen Zustimmung beruhenden Zielvorstellung, die in Wirklichkeit verhindern würde, dass die Moslems Moslems sind und die Christen Christen und dass wir anerkennen, dass jahrhundertelang unsere europäischen Gesellschaften nach einem christlichen Grundprinzip geformt wurden.

Die Kirche achtet die Gewissensentscheidung des Einzelnen. Das ist ein Beitrag des Zweiten Vatikanischen Konzils und ebenfalls eines der Fundamente der westlichen Demokratie. Was geschieht im Fall der Mischehen? Verlangt man in der Ehevorbereitung von der moslemischen Seite, den Grundsatz der Gewissensfreiheit zu akzeptieren? Ebenso auch die Freiheit für die Teilnahme am Gottesdienst ?

J. L. Wenn Sie von der Gewissensfreiheit sprechen, kommen zwei Dinge ins Spiel. Einmal das, was Sie in Ihrer Fragestellung angesprochen haben, aber gleichermaßen auch das, was seit einigen Jahren angesprochen wird: Die Gewissensfreiheit bezieht sich auf ethische Entscheidungen und notwendigerweise auf alles, was sich um die Auseinandersetzung über die Gewisseneinwände entwickelt hat. Letztere wurde schon erwähnt. Man muss beide auseinanderhalten. Ihre Frage bezieht sich auf die Unantastbarkeit eines menschlichen Gewissens, das frei den Dienst an Gott ausüben kann, der ihm zukommt. Diese Tradition gibt es seit jeher in der Kirche, und sie hat nichts zu tun mit einem religiösen Relativismus.

Zunächst zum Fall der Mischehen. Die erste Frage, die sich stellt in Bezug auf eine christliche, katholische Person, die heiraten will und die genügend im Glauben gefestigt ist, um ihre Religion zu leben, ist folgende: Ist sie sich vollständig über die Art und Weise im Klaren, was von ihr erwartet wird, wenn sie ihren Glauben leben, praktizieren will und ihn an die Kinder weitergeben will? Hier liegt das Problem. Ich sage nicht, man sollte die Mischehen untersagen, sondern einfach nur, dass jemand, der eine Ehe eingehen will, sich diese eigentlichen Fragen vorher stellen müsste.

Hilft dabei die Kirche?

J. L. Die Kirche hilft mit ihrer Möglichkeit, sich auf die Ehe vorzubereiten. Oft haben diese Menschen nur insofern den Kontakt mit der Kirche, als sie um eine Dispens eingeben für die Trauung nach verschiedenem Ritus. Wer verlangt in Wirklichkeit die Dispens? Ist das einfach ein Christ, der seinen Glauben nicht praktiziert, oder jemand, der einen echten Glauben hat und auch nach ihm lebt? Im einen wie im anderen Fall gehört es sich, dass er in volle Kenntnis gesetzt wird. Man könnte das so machen, dass bei der Eingabe um die Dispens ein Gespräch stattfindet, mit dem moslemischen Partner ebenfalls, damit jeder über die Konsequenzen im Klaren ist. Diese ganze Frage um die Mischehen ist sehr komplex. Aber es besteht die Notwendigkeit und die Pflicht auf Information.

Die erste Frage stellt sich somit an den katholischen Partner: Bin ich bereit, den Glauben zu leben, den ich in meiner Taufe empfangen habe? Ich habe eine tiefe Zuneigung und ich möchte mein Leben vereinigen mit einem Mann oder einer Frau, die ich liebe. Wie werde ich diese Wahl mit meinem Glauben in Einklang bringen? Lebt mein Glaube? Ist er so fest, dass er auch weiterlebt? Wenn ich mir diese Fragen nicht stelle, kann ich das Problem nicht angehen. Es gibt eine Antwort, die nur in Bezug auf diese persönlichen Entscheidungen getroffen werden. Ich bin überzeugt, dass, wenn die Mehrzahl der Katholiken aufgeklärt wären, sie oft auf das verzichten würden, was für sie eine große Schwierigkeit darstellen würde, zumindest für diejenigen, die noch Wert legen auf den Glauben ihrer Taufe.

Noch eine Zusatzfrage, um diesen Teil abzuschließen. Viele Ehen enden in der Scheidung. Die Begleitpersonen in der Ehevorbereitung ahnen manchmal, dass die Brautleute nicht wirklich disponiert sind. Könnten sie nicht, obwohl sie die Hochzeit akzeptieren, diese zumindest warnen, die Hochzeit noch aufzuschieben, als dass sie sich in einer ersten Ehe einsperren lassen, die zum Scheitern verurteilt ist?

J. L. Wenn der Priester in seinem Gewissen überzeugt ist, dass die Trauung, die er jetzt vornehmen soll, aus schwerwiegenden Gründen nichtig ist, dann ist ganz offensichtlich, dass er diese Trauung nicht vornehmen darf. Wenn er schwere Zweifel hat und er kann sich dieser Heirat nicht entgegenstellen, weil seine Zweifel nicht gänzlich erwiesen sind, verfährt man so, dass er seine Zweifel äußert und einen schriftlichen Vorbehalt niederlegt, der im Eheverzeichnis hinterlegt wird, und dann vollzieht er die Trauung so gut wie möglich. Aber jenseits dieser besonderen und kirchenrechtlichen Einzelfälle soll so verfahren werden, dass die Brautleute eine geeignete Ehevorbereitung erhalten. In dieser Vorbereitung ist der Kontakt, den der Seelsorger mit jedem der beiden zukünftigen Eheleute hat, wesentlich, denn in dieser persönlichen Beziehung können die Dinge sich bemerkbar machen.

Was die Schwierigkeit betrifft, die Sie angesprochen haben, nämlich das Ende der Ehe in einer Scheidung, so ist das eine Wunde, unter der eine große Anzahl der Paare in unseren Gesellschaften leidet, in manchen Regionen sind das fast die Hälfte der Paare. Natürlich kann man die Brautleute nicht von der Ehe abhalten unter dem Hinweis, dass statistisch gesehen ein hoher Anteil von Ehen in einer Scheidung endet! Das wäre gegen die Hoffnung und wäre auch gegen die Achtung der Freiheit der Personen, die jede in sich über die Mittel verfügt, damit die Widerstände überwunden werden, sodass sie vereint bleiben und sich nicht scheiden lassen. Eines dieser Mittel ist auf der geistigen Linie ein konsequentes christliches Leben, das zu dem angestrebten Sakrament auch passt. Es ist nicht normal, dass Menschen in der Kirche heiraten und dass sie am Tag darauf nicht mehr die Füße in die Kirche bewegen und dann ein vierzigjähriges Heidenleben anfangen. Wenn dann ein schwerwiegendes Problem auftaucht, bitten sie nicht die Kirche darum, ihnen zu helfen, weil sie die Kirche nie gebeten haben, ihnen die Mittel des Heiles zu geben, die Mittel des übernatürlichen Lebens und des Lebens aus der Gnade. Das Leben des Christen hat einen tiefen inneren Bezug mit dem Lebensstand, den man sich anschickt, von nun an anzunehmen.

Der zweite Punkt ist der: Im Menschenleben ist es notwendig, dass es Riten gibt, die menschlich sind, die das Menschsein ausdrücken. Wenn die Menschen in Gemeinschaft leben, insbesondere in der engen Gemeinschaft, wie es die Ehe ist, ist es notwendig, dass es eine Praxis der Versöhnung gibt, ein Verzeihen der Verwundungen, auch der kleinen, dass es eine Kultur des Friedens und der Eintracht gibt, eine Kultur der Mitteilung. Die Leute, die jungen Leute, die nie gelernt haben, um Verzeihung zu bitten, werden nie in der Lage sein, sich gegenseitig zu verzeihen. Wenn es dann eine Schwierigkeit gibt, wird mir nichts dir nichts alles über Bord geworfen. Die Vergebung ist ein Zentralwert in der Ehevorbereitung. Ich selbst habe nie eine Ehevorbereitung gehalten, ohne dass ich jeweils ein extra Gespräch über das Verzeihen, auf die Versöhnung verwandt hätte, einschließlich der darin enthaltenen Anforderungen.

Der andere Punkt in Bezug auf die Scheidung – wir haben vorhin von Zeit und Raum gesprochen – betrifft die Schwierigkeit der heutigen Menschen zu begreifen, dass es Bindungen auf immer gibt. Die Leute machen nicht mehr die Unterscheidung zwischen einer Bindung auf immer und einer Bindung so lange wie möglich. Sie denken ganz ernsthaft daran, dass sie so lange wie möglich sich binden werden. Wenn man im Gespräch auf diesen Punkt kommt, sagen einem viele: Wenn wir später Probleme haben, sind wir nicht besser als die anderen, wir werden es dann auch so machen wie die anderen und meinen eigentlich: Wir werden uns scheiden lassen. Aber das wird uns nicht passieren … In Wirklichkeit haben sie nicht gemerkt, dass so etwas zu sagen auch schon bedeutet, dass eine Eheschließung ungültig ist. Denn die Gültigkeit der Ehe ist mit dem Eingehen auf immer verbunden, mit der Unauflöslichkeit, mit ihrem endgültigen Wesen und der Bindung auf Lebenszeit. Es ist für immer.

Ich verstehe, dass die Menschen zögern. Es ist aber auch genauso zu verstehen, dass sie sich auf eine stimmige und ernsthafte Weise vorbereiten müssen.

Müsste die Kirche zur Verteidigung der Ehe nicht auch sagen, wenn es nötig ist: „Nein, ich traue euch nicht, ihr seid nicht reif"?

J. L. Sie tut es. Es ist mir auch schon passiert, dass ich Leute davon abhielt, die zu mir wegen der Heirat gekommen sind, die aber nicht die geringste Absicht hatten, diese Ehe einzugehen in dem Sinne, den die Kirche diesem Wort verleiht. Ich habe auch schon Vorbehalte geschrieben. Ich erinnere mich an einen Fall, wo die Betreffenden sich weigerten, die Absichtserklärung zu unterschreiben. Ich konnte im Gespräch die Gründe für diese Weigerung nicht ermitteln. Ich wusste nicht, ob es ein Vorbehalt bezüglich dessen war, was in der Absichtserklärung geschrieben war, was einer absoluten Ungültigkeit gleichkäme, oder ob es doch darauf hinauslief, gegen die Tatsache zu protestieren, dass von ihnen Forderungen schriftlich verlangt wurden. Also eine klare Ablehnung der Autorität der Kirche.

Glauben Sie, dass viele Kleriker Nein sagen?

J. L. Es kommt vor, aber selten. Viele suchen vor der Hochzeit den Priester auf, aber sie wollen sich nicht vorbereiten oder haben zumindest keine Lust dazu. Sie gehen zum Pfarrer, das Hochzeitsdatum ist schon festgesetzt, der Festsaal ist gemietet, das Menü bestellt. Das wirft eine Frage auf: Wo bleibt die Freiheit des Priesters? Das ist schon heikel.

Wenn ein Priester ein Paar vorbereitet, muss er sich dabei Zeit lassen und es auf eine vernünftige Weise machen. Es geht nicht darum, die Brautleute mit einer idealistischen Sicht auf die christliche Vollkommenheit zu erdrücken. Das macht keinen Sinn. Mit der Tatsache, dass zwei junge Menschen kirchlich heiraten wollen, ist sehr wohl die Ausübung eines gesetzlichen Rechtes verbunden, aber eines Rechtes, das nicht absolut ist. Es ist das Recht jedes Getauften, die kirchliche Eheschließung zu verlangen, denn es gibt zwischen zwei Getauften keine andere Vermählung als die sakramentale Ehe. Man kann nicht gleichzeitig sagen: „Eure Ehe ist nur gültig, wenn sie kirchlich geschlossen wurde“ und andererseits: „Nein, ihr könnt nicht kirchlich heiraten.“ Das sind die beiden Grenzen. Zwischen der Notwendigkeit, die beiden Brautleute gut vorzubereiten, und dem ihnen zustehenden Recht, sich zu verheiraten, gibt es ein einsichtiges Feld. Ganz konkret mehrere Gespräche, die sich auf einen Zeitraum von mindestens sechs Monaten erstrecken für eine ernsthafte Vorbereitung, in der die wesentlichen Fragen angegangen werden.

Die Vorbereitung muss einen geistlichen Weg haben. Wenn sie das nicht ist, ist sie nur eine Formalität. Die Brautleute werden dann den mehr oder weniger sympathischen Priester aufsuchen. Man muss da halt durch. Die Kirche verlangt es. Dann geht es zurück in das Leben eines den Glauben nicht praktizierenden Getauften. Das ist schrecklich, das ist ein trauriges Auseinanderklaffen, wenn man kirchlich heiratet und dann am nächsten Sonntag Gott nicht die Ehre gibt. Von der Kirche hat man ein Sakrament erbeten. Und mitunter wurde sogar verlangt, dass dieses Sakrament in einer Eucharistiefeier gespendet wird, denn das ist festlicher. Und danach vernachlässigt man die Eucharistie, man braucht sie nicht mehr. Wenn man nicht mit den Gnadenmitteln gelebt hat und dann die Schwierigkeiten überhandnehmen, machen diese alles nieder. Die menschliche Natur hat nicht immer die Fähigkeit, die Prüfungen zu bestehen, aber die wirklich ihren Glauben Praktizierenden haben eine große Kraft. Vergessen wir nicht zu erwähnen, dass Tausende, Zehntausende, ja Millionen christlicher Familien treu bleiben und die auch durch Schwierigkeiten hindurchgegangen sind. Das ist möglich. Es ist schwierig, wenn man die Totalität eines Menschenlebens betrachtet, aber das ist eine abstrakte Betrachtungsweise. Ein Menschenleben, das ist ein Tag nach dem anderen, ein Monat nach dem anderen, eine Reihe von Ereignissen, die nicht gleichzeitig vorkommen. Es gibt eine Standesgnade für die Verheirateten, wie sie es auch gibt für die zölibatär Lebenden. Dieses Verständnis muss man vermitteln.

Ein anderer Punkt. Oft sagen die jungen Leute: „Früher dauerte das gemeinsame Leben zwanzig Jahre, maximal dreißig Jahre. Heute sind es sechzig Jahre.“ Das ist abstrakt gedacht. Wenn man zwanzig Jahre miteinander gelebt hat, warum sollte man nicht einundzwanzig Jahre miteinander leben? Und wo ist der Grund, der angibt, dass, wenn es möglich war, einundzwanzig Jahre miteinander zu leben, es während zweiundzwanzig Jahren nicht möglich ist? Das ist also nicht schlüssig. Wenn man nicht fähig ist, sechzig Jahre miteinander zu leben, dann ist man auch nicht fähig, zwanzig Jahre miteinander zu leben. Im normalen Leben der heranwachsenden Menschen, die sich dauerhaft lieben, sind sechzig Jahre wie zehn, zwanzig oder vierzig Jahre. Wie viele Menschen gibt es heute, die denken, dass sie ihr Leben mit fünfundvierzig Jahren noch einmal beginnen können und dabei die Illusion haben, noch einmal ein ganzes Leben vor sich zu haben. Ich kenne zahlreiche Fälle, wo Menschen zwei oder drei Kinder erzogen haben und dann die Familie mit fünfzig verlassen. Tatsächlich ist es nicht schwieriger, mit der gleichen Person fünfzig Jahre lang zusammenzuleben als zwanzig Jahre lang. Man könnte sich in einem vergleichbaren Gedanken Priester vorstellen, die zehn Jahre oder zwanzig Jahre … – da wäre doch ein ernsthaftes Sichhineingeben auf den Kopf gestellt; das wäre eine Illusion, die manche junge Menschen haben, weil sie keine Erwachsenen haben, die ihnen sagen, warum das eine Illusion ist.

Sie haben vielleicht Beispiele vor Augen, die Großeltern vielleicht?

J. L. Ja. Aber in ihren Augen gehören die Großeltern einer vergangenen Zeit an, wo man sein ganzes Leben beim gleichen Partner blieb. Wir sind die erste Generation, die es nicht mehr von Grund auf wünscht, beim gleichen Gatten oder der gleichen Gattin lebenslang zu bleiben, selbst wenn geheiratet wird. Dennoch, Sie haben Recht, sie erleben das Beispiel der Treue bei ihren Großeltern und sie haben das Beispiel des echten Lebens durch sie nicht erkannt.

IV.

Die freie Liebe und die freie Liebe in Gott: Treue und Freiheit

„Wenn wir untreu sind, bleibt er doch treu, denn er kann sich selbst nicht verleugnen" (2 Tim 2,13).
„Denn die Liebe besteht darin, dass wir nach seinen Geboten leben" (2 Joh 6).

P. und V. S. Das Christentum ist heute in den Augen vieler ein Opfer von kapitalen Irrtümern, die in der Vergangenheit vom Lehramt begangen wurden und von geistigen Strömungen wie dem Jansenismus und dem Puritanismus. Benedikt XVI. beschreibt die Situation folgendermaßen:

„Es stimmt, dass in der Christenheit immer wieder auch Rigorismen eingerissen sind und die Tendenz zur Negativbewertung, die sich in der Gnosis ausgebildet hatte, auch in die Kirche Eingang fand. Denken wir nur an den Jansenismus, mit dem es zu einer Verbiegung, zu einer Verängstlichung des Menschen kam. Heute ist zu erkennen, dass wir wieder zur eigentlich christlichen Haltung finden müssen, wie es sie in der

Urchristenheit und in den großen Augenblicken der Christenheit gab: die Freude und das Ja zum Leib, das Ja zur Sexualität – gesehen als eine Gabe, zu der immer auch Disziplin und Verantwortung gehören." (Benedikt XVI., a. a. O., S. 129)

Können Sie auf diese beiden Begriffe der Disziplin und der Verantwortung zurückkommen? Wie sind sie zu verstehen?

J. L. Man muss zu Beginn eine Präzisierung vornehmen: Das Lehramt hat diesbezüglich keine pessimistische Sicht des Menschen vermittelt und keinen Irrtum begangen. Es hat nacheinander den Finger auf Tatsachen gelegt, die in den verschiedenen Epochen aufgetreten sind. Erlauben Sie mir darauf hinzuweisen, dass in der Freude an der christlichen Hoffnung, auf die Sie für die Anfangszeit der Kirche hinweisen und auf die damalige Begeisterung, es für die Christen auch eine große Anforderung bezüglich ihrer Haltung gab. Es wäre naiv, sich eine Freude des Anfangs vorzustellen und dabei zu denken, dass sie nie die manchmal sehr verschärften moralischen Anforderungen hervorhob. Man braucht nur an die Unterweisungen des heiligen Paulus zu denken, an die Kirchenväter, an die Praxis des öffentlichen Sündenbekenntnisses, der Ahndung im Falle des Ehebruches, der nicht nachgelassenen Sünden, die eine lebenslange Buße zur Folge hatten. Es hat keine Periode größter Freude gegeben, auf die eine der Strenge unter dem Jansenismus folgte, auf die dann eine totale Befreiung kam. Man muss Acht geben: In den dynamischen Perioden voller Begeisterung war auch der Ernst des christlichen Lebens gegenwärtig, das der heftigen Verfolgung ausgesetzt war, manchmal bis zum Tode. Es legte Zeugnis ab für die Auferstehung Christi und weigerte sich auch, die heidnischen Sitten im täglichen Leben zu übernehmen. Es gab eine Beschaffenheit des christlichen Lebens und seiner Ansprüche, die lehrreich ist für heute.

Im Bereich der menschlichen Liebe und der Sexualität wie auch in anderen Bereichen ist die Disziplin das Mittel, seine Verantwortung wahrzunehmen. Die Disziplin ist nie ein Ziel. Umgekehrt ist die Verantwortung eine Haltung des ganzen Menschen vor einem Gut, das der Beachtung würdig ist. Im Grunde ist es die Wahrnehmung der persönlichen Freiheit gegenüber einem familiären, geistigen, kirchlichen Gut, das eine Person so einschätzt, dass es in Ehren gehalten wird, dass man mit ihm lebt und es bewahrt. Die Verantwortung setzt einen persönlichen Einsatz voraus, die Gewissenhaftigkeit hinsichtlich des erhaltenen Gutes, und das geht das persönliche Verhalten an, auf die Ausübung einer Disziplin. Dazu ein Beispiel: Wenn man meint, dass eine Sache aus der Wissenschaft, der Theologie, der Geisteswelt oder der Kunst des näheren oder tieferen Befassens wert ist, beschäftigt man sich damit, man macht sich an die Arbeit. Das verlangt eine Disziplin, um die dann erworbenen Kenntnisse methodisch anzuwenden. Wenn man meint, dass es wichtig ist, dass jedes Familienmitglied in Harmonie leben kann, dass es in seiner Lebensführung und seinen Anstrengungen respektiert wird, dann wird es innerhalb des Hauses und der Familie eine gewisse Anzahl von praktischen Verhaltensregeln geben, die respektiert werden müssen; jeder wird eingeladen sein, die Freiheit des anderen zu respektieren, seine Intimsphäre, das, was ihm gehört. Die Disziplin ist das Mittel, seine Verantwortung wahrzunehmen, und das man auf sich und die Pflegebefohlenen anwendet. Die Disziplin ist niemals ein Zweck für sich.

Im Bereich der Sexualität, der menschlichen Liebe, muss die Disziplin inspiriert sein von einem geistigen Wert, von einer Tugend. Es gibt keine Disziplin in diesem Bereich, die von der Wurzel der Tugend abgeschnitten ist. Im Bereich der Sexualität zum Beispiel ist die Disziplin verbunden mit der Tugend der Keuschheit. Die Disziplin hat eine Wurzel im Herzen des Menschen, wenn nicht, dann ist das ein militärisches Reglement. Die militärische Disziplin hat sehr wohl ihren Nutzen, aber in anderer Hinsicht: die Festlegung der Organisation einer Gruppe hinsichtlich einer besonderen Tätigkeit, die zur Verteidigung des Vaterlandes dient. Für alles, was das persönliche Benehmen betrifft, die Beziehungen mit den anderen, der gerechte Lohn für eine Tätigkeit, die Achtung der Mittellosen, gibt es eine Wurzel, die in den Bereich der Tugend reicht, nämlich die Gerechtigkeit. Nun, für die Sexualität ist es die Tugend der Keuschheit, die wie alle Tugenden an die Freiheit gebunden ist.

Im heutigen freizügigen Liebesleben lässt das Begehren die Liebe oft hinter sich und allenfalls, wenn die Partner das Gefühl haben, verliebt zu sein, sind sie ganz autonom in ihrem Zuckerhäuschen. Sie sind niemandem etwas schuldig und müssen eine überschäumende Vorstellungskraft entwickeln, damit ihre Beziehung ebenso erregend ist, wie die Magazine es ihnen versprechen. Die christliche Liebe instrumentalisiert in dieser Hinsicht nicht den anderen zum Dienstleister für ein individuelles Glücksgefühl. Sie beschränkt sich auch nicht auf Emotionen, die den Verliebten von heute die Illusion geben, dass sie das, was sie empfinden, auch meistern. Christlich lieben heißt nicht, es auf einen anderen abgesehen zu haben und dabei seine Wünsche vorsätzlich zu erschleichen. Könnten Sie uns etwas über die Verbindung von Begehren und Liebe sagen?

J. L. Jeder Mensch ist von Grund auf ein Wunschwesen. Das Wünschen gehört zur Natur des Mannes und der Frau. Die Wünsche sind sehr unterschiedlich, je nachdem, auf was sie gerichtet sind. Es gibt physische, körperliche Wünsche, affektive, geistige und geistliche Wünsche. Wenn man vom Wunsch in der Liebe spricht, muss dieser Wunsch notwendigerweise respektiert werden, und um auch die Natur des Mannes und der Frau zu respektieren, muss er die Ganzheit seiner Elemente beinhalten. Der legitime Wunsch, der in der menschlichen Liebe von Gattin zu Gatten und Gatte zu Gattin da ist, muss die dynamischen Seiten der Person zusammenfügen: körperlich, affektiv und geistig, weil wir von einer menschlichen Liebe sprechen, die im Ehebund erfüllt ist. In diesem Moment erfüllt sich, was Johannes Paul II. „die wahrhafte Vereinigung von Liebe und Wunsch" genannt hat. Alle Elemente des Wünschens fügen sich ein und sind aufeinander abgestimmt nach übergeordneten Gesichtspunkten, die bewirken, dass der geistige Wunsch der Faktor ist, der die anderen mit einfügt. Der sexuelle Wunsch ist ein berechtigter Wunsch und auch schön in dem Maße, wie er mit dem affektiven Bereich des Wunsches nach der Gegenwart des anderen verbunden ist und mit der Einheit mit ihm. Jeder wird auch seine Entfaltung im Wunsch der geistigen Begegnung mit dem anderen finden, der niemals aufhört, ein freies Ich zu sein. Ich denke oft an den wunderbaren Text von Tobias und Sara, wie sie vor ihrer Vereinigung zu Gott gebetet haben: „Jetzt, Herr, nehme ich diese meine Schwester auch nicht aus reiner Lust zur Frau, sondern aus wahrer Liebe.

Hab Erbarmen mit mir und lass mich mit ihr ein hohes Alter erreichen" (Tob 8,7).

Es ist eine „wahrhafte Vereinigung" nach den Worten des seligen Johannes Paul II. Der jetzige Papst gebraucht einen anderen Ausdruck, er spricht von der „Reinigung" des Eros durch die Agape. Es handelt sich im Grunde um eine Durchdringung aller geordneten Beweggründe durch das Wollen des Geistes und der Seele des Liebenden. Das ist der Grund, warum die Liebe nicht auf Sexualität reduziert werden kann, aber sie lässt sie auch nicht außer Acht, außer in besonderen Fällen im Rahmen einer gemeinsamen Entscheidung wegen eines höheren Grundes. Alle inneren Beweggründe des Menschen werden wahrhaft aufeinander abgestimmt und hineingenommen. Karol Wojtyla benutzte schon diesen Ausdruck in seinem Werk „Liebe und Verantwortung", als er jeden dieser Beweggründe studierte.

Benedikt XVI. versucht, die Zeichen der Zeit zu deuten: „... unverkennbar gibt es auch bei uns im Westen den Aufbruch neuer katholischer Initiativen, die nicht von einer Struktur, von einer Bürokratie befohlen sind. Die Bürokratie ist verbraucht und müde. Diese Initiativen kommen von innen heraus, aus der Freude junger Menschen. Das Christentum nimmt vielleicht ein anderes Gesicht, auch eine andere kulturelle Gestalt an. Es hat nicht den Kommandoplatz in der Weltmeinung inne, da regieren andere. Aber es ist die Lebenskraft, ohne die auch die anderen Dinge nicht weiterbestehen würden. Insofern bin ich durch das, was ich selber sehen und erleben darf, ganz optimistisch, dass das Christentum vor einer neuen Dynamik steht." (Benedikt XVI., a. a. O., S. 79) *Sehen Sie diese Schaffenskraft im Bereich der Familie? Können Sie uns konkrete Beispiele nennen, auch Beispiele nicht nur aus der westlichen Welt?*

J. L. Wir haben ausreichend über eine gesunde Ehevorbereitung gesprochen, um nicht zu verkennen, dass es heute eine große Anzahl von Paaren und Familien gibt, die in christlicher Hinsicht wirklich beispielhaft sind. Wenn ich beispielhaft sage, dann möchte ich das nicht einfach so verstanden wissen, dass sie in ethischer Hinsicht oder wegen ihrer religiösen Praxis als Beispiele genannt werden können, aber doch wegen ihres persönlichen Einsatzes in Ehe und Familie, für die Heiligkeit für sich und ihre Kinder. Diese Paare und Familien setzen sich sehr oft ein in größeren geistlichen Gemeinschaften, in denen sie sich in geschwisterlicher Liebe für die Werte der Solidarität und der gegenseitigen Hilfe, des Apostolates und der Evangelisierung einsetzen. Meines Erachtens ist es einer der großen Reichtümer – und auch eine Neuheit –, dass der Wunsch da ist mit der Evangelisation wirklich christlicher Familien. Das kommt heute häufig vor. Als Sekretär des Päpstlichen Rates für Familien bin ich im Kontakt mit Vereinigungen in zahlreichen Ländern. Ich kann sagen, dass ich regelmäßig die Gelegenheit habe, Familien zu treffen, die wirklich engagiert sind und manchmal sehr weit schon auf dem Weg der persönlichen Heiligung vorangekommen sind. Es ist da etwas Neues insofern, als sie sich nicht damit begnügen, eine christliche Aufgabe guten Gewissens erledigt zu haben, sondern vom Wunsch beseelt sind, die Gegenwart des unter ihnen lebenden Christus zu bezeugen, ihn erfahrbar werden zu lassen und ihn weiterzuvermitteln.

Die Familien sind so Subjekt der Evangelisation geworden. Sehr oft hat man in der Vergangenheit die Familie als Objekt der Evangelisation betrachtet, die der besonderen Seelsorge der Kirche und ihrer Hirten bedurfte. Und das ist immer noch so der Fall. Und unser ganzes Gespräch dreht sich um die Notwendigkeit, den Familien zu helfen, das zu werden, was sie sind, gemäß dem Wort, das am Ende des postsynodalen Schreibens FAMILIARIS CONSORTIO von 1981 steht: „Familie, werde, was du bist", ermahnte Johannes Paul II. Heute lernt man inzwischen immer mehr Familien kennen, die aus einer tiefen Evangelisation heraus das Zeugnis christlichen Lebens über ihre Grenzen hinaustragen. Das ist eine Tatsache, die dem christlichen Leben sein wahres Gesicht verleiht: Sie überträgt den Geschmack für die Gegenwart Gottes, für die Liebe zu Christus. Das ist ganz gegenwärtig in der Spiritualität von Ehe und Familie, so wie sie in vielen Ländern der Welt gelebt wird. Man muss diese Familien sammeln und helfen, dass sie sich ausdrücken können, dass sie Wege des Apostolates finden; und es sollte auch so sein, dass die Seelsorger sie ermutigen und ihnen helfen auf diesem Weg. Ich habe dafür zahlreiche Beispiele. Ich denke an die Philippinen, an Südkorea, an zahlreiche Länder Afrikas, an mehrere Länder Lateinamerikas und – Gott sei Dank – auch an einige Orte in Europa und im Mittleren Osten.

Aber die Christen bleiben Minderheiten. Warum sind wir so wenige, die begreifen, dass die westliche Lauheit die Familien verwundet? Welches sind die Auswirkungen der Verharmlosung der Pornografie im Internet? Sind die Christen gegen diese Geißel gewappnet?

J. L. Die Familien und insbesondere die Jugendlichen werden heute mit noch unbekannten Schwierigkeiten konfrontiert, wie dem unmittelbaren Zugang zu allen möglichen Bildern und Präsentationen, wobei sie nicht die Zeit haben, sie auszufiltern oder zu entfernen. Das ist sehr schädlich für die Sensibilität der Menschen, für ihr Schamgefühl, für die Achtung der anderen und für ihre Intimsphäre. Die christlichen Familien haben Zugang zu den gleichen Quellen wie alle anderen in der Gesellschaft; sie werden mit dieser Schwierigkeit konfrontiert, die zu Spannungen innerhalb der Familien führt, besonders mit den Heranwachsenden, aber auch zwischen den Eltern selbst. Die Familien können nichts gegen das Vorhandensein der Technologie ausrichten, die auch ihre positiven Seiten hat, aber sie können immer das Zeugnis verantwortlicher Christen geben. Also machen sie es sich zur Aufgabe, das Empfindungsvermögen ihrer Kinder nicht verletzen zu lassen und auch nicht, dass die Gegenwart Gottes in ihren Herzen verloren geht. Beratende und manchmal auch autoritäre Worte müssen da gesprochen werden. Es geht darum, die Christen wirksam zu verteidigen, für die wir in den Familien Sorge tragen, vor allem die Jüngsten, damit sie nicht in ihrem Inneren verletzt werden. Das geschieht durch diese Disziplin, von der wir gesprochen haben. Man stellt keinen Fernseher in das Zimmer eines Kindes. Man kann auch eine behutsame Wachsamkeit bei den Heranwachsenden gegenüber den regelmäßigen Kontakten im Internet an den Tag legen. Oder man versucht, beim Gebrauch der Kommunikationsmittel ihnen beizubringen, dass sie die Sklaverei des unmittelbaren Jetzt oder der Abhängigkeiten vermeiden, die dann umso schlimmer sind, wenn sie oft wie nebenbei geschehen.

In bestimmten Fällen ermöglichen die modernen Kommunikationsmittel den Christen, sich zu mobilisieren, zum Beispiel gegen ein ungerechtes Gesetz, oder sich zu informieren, zu Versammlungen einzuladen oder Informationen zu senden. Aber im Allgemeinen ist der Gebrauch eher passiv und das Risiko ist wirklich da, dass die Kinder und Jugendlichen ohne Schutz den Bildern ausgeliefert sind, die an sie herankommen.

Für die Erzieherrolle der Eltern und mit einer geistlichen Zielrichtung möchte ich das zusammenfassen mit einem Text von Père Caffarel zur Familie als einem eucharistischen Ort: „Wie der Priester bei der Opferung in der heiligen Messe das Brot, das durch die Wandlungsworte in den Leib Christi verwandelt wird, darbringen, so bringen die Eltern das Kind dar, das die Worte der Taufe heiligen werden, es zu einem Kind Gottes machen: Das ist die Opferung in der Familie.“ (Raynal Louis de, La Bonne nouvelle du mariage, L´échelle de Jacob, 2011, S. 131) *Ein Opfergang jeden Tag.*

J. L. Es gibt in diesem Opfern tatsächlich eine eucharistische Dimension in dem Sinne, wie Père Caffarel es ausdrückt. Es gibt noch einen anderen Sinn, einen klassischen. Das ist die Tatsache, dass bei der Geburt eines Kindes in eine christliche Familie ein Wesen hineinkommt, das von Gott anvertraut wurde, das Gott gehört. Die Eltern, die ihm eine christliche Unterweisung und Erziehung angedeihen lassen, legen beständig Zeugnis davon ab, dass es ein Geschenk Gottes ist. Mit diesem immerwährenden hingebungsvollen Opfergang wird erreicht, dass die Eltern das Kind nicht für sich vereinnahmen, dass sie es nicht zu einem Gefangenen in der Zelle einer Familie und eines Zuhause werden lassen, selbst wenn dieses Zuhause eine angenehme Kuschelecke ist …

Bis zum Alter von fünfundzwanzig Jahren …

J. L. Und darüber hinaus! Manchmal bis zu vierzig. Sie wissen, dass das eine gesellschaftliche Tatsache ist und dass man in Italien genau zu dieser Frage soziologische Studien gemacht hat. Aber wir kommen vom Thema ab! Wenn das Kind von den Eltern als ein Geschenk Gottes empfangen wurde, ein Geschenk, das ihm dauernd gehört, dann bringen sie es ihm auch dauernd dar. Tief im Grunde ihrer Erziehung spiegelt sich die Anerkennung dieses Zu-Gott-Gehörens. In der Opferung der heiligen Messe opfert man Gott die Arbeit der Menschen: „Dir, der uns dieses Brot gibt, bringen wir es dar." Wir haben es von Gott empfangen, wir bringen es ihm dar, damit es Christi Leib werde. Es vollzieht sich hier etwas tief Eucharistisches: Man bietet Gott ein Geschenk an, das er uns gegeben hat. Man findet in der kirchlichen Lehre alte Spuren dieser Vorstellung, zum Beispiel bei Leo XIII. und Pius XI. Ein Kind erziehen ist gewissermaßen, dem Himmelreich einen Sohn oder eine Tochter zu schenken, das bedeutet, dem Reich Gottes selbst es zu schenken. Das ist eine außergewöhnliche Vorstellung. Die Entscheidung, ein Kind anzunehmen, ihm eine christliche Erziehung angedeihen zu lassen, es auf den Tod und die Auferstehung Christi zu taufen, das heißt auch, der Kirche ein Kind zu schenken. Die Gemeinschaft der Heiligen im Himmel wird bereichert werden durch das Dasein unserer Kinder im Himmel! Das gibt einem als Christ doch Schwung!

V.

Die beiden Namen der Treue: Autorität und Gehorsam

P. und V. S.: Ich komme auf einen Punkt zurück, über den wir noch nicht genug gesprochen haben: „Ich schenke euch ein neues Herz und lege einen neuen Geist in euch. Ich nehme das Herz von Stein aus eurer Brust und gebe euch ein Herz von Fleisch. Ich lege meinen Geist in euch und bewirke, dass ihr meinen Gesetzen folgt und auf meine Gebote achtet und sie erfüllt. Dann werdet ihr in dem Land wohnen, das ich euren Vätern gab. Ihr werdet mein Volk sein, und ich werde euer Gott sein“ (Ez 36,26–28) ..*Man kommt immer wieder auf die Bibel zurück, auf das Bündnis: Gott ist treu, der Mensch antwortet ihm im Gehorsam. Man achte auch darauf, dass in diesen Versen Gott selbst es ist, der uns zu Gehorchenden macht und uns hilft, Gehorchende zu sein. Wie wenn Gott in uns sein eigenes Gehorchen legen würde!*

J. L. Was in dieser Stelle bei Ezechiel als Keim enthalten ist, findet seine Erfüllung im Geheimnis der Passion Christi. Er erfüllt genau das, was

Gehorsam ist, der Gehorsam gegenüber seinem Vater. Und durch das Geheimnis seines Todes, seiner Auferstehung und des Geschenkes des Heiligen Geistes stiftet er die Menschlichkeit, dass jeder von uns seinerseits zum Gehorsam befähigt wird. Das ist nun nicht mehr nur die Tatsache, dass Gott uns mit seinem Beistand hilft, der erfahren werden kann als eine punktuelle äußerliche Hilfe, wie es oft im Alten Testament vorkommt: Gott als der Allmächtige hat alle Macht, uns zu helfen.

Im Neuen Testament ist Christus gehorsam bis zum Tod. Um zu verstehen, was Gehorsam ist, muss man sich auf den Weg Christi begeben. Welche Art von Gehorsam ist das, den Christus seinem Vater gegenüber zeigt? In der Tat ist es eine Haltung des Herzens, ein Band der Einheit mit dem Vater und seinem Heilsplan, eine herzliche, totale, innere und tiefe Bindung an ihn. Der menschliche Wille Christi ist eins mit dem göttlichen Willen. Das ganze Wesen von Jesus in seiner Menschlichkeit ist auf den Willen des Vaters ausgerichtet, auf den Heilswillen für alle Menschen. In der Tat wird das Heil des Menschen bewirkt durch diese Opfergabe Christi in seiner Menschlichkeit. Er zeigt uns diesen Gehorsam, zu dem wir dem Vater gegenüber aufgerufen sind: seinen Absichten entsprechen, seinen Willen erfüllen, eine Sicht, die zunächst nicht eine äußerliche Normerfüllung unserer Willensanstrengung oder unserer Einsicht ist, sondern wie eine Art innerer geistlicher und liebender Überzeugung. Im Herzen Christi gibt es kein Zurückweisen der Autorität des Vaters, wohl sicher ein Zerbrechen seines Menschseins, dem es klar ist, dass es bis zu seiner Vernichtung gehen wird; erinnern wir uns an den Schrei der Verlassenheit Christi: „Mein Gott, mein Gott, warum hast du mich verlassen?“ (Mt 27,46; Ps 22,2). Das ist der Ausdruck der menschlichen Natur – ich sage nicht einer revoltierenden, – aber einer, die noch nicht zur ganzen Einsicht in dieses Mysterium gelangt ist, denn dieses Geheimnis ist nicht zugänglich. Dennoch ist Christus mit der Absicht und dem Willen des Vaters vereint. Es geschieht eine Vernichtung, er wird am Kreuz grausam vernichtet, doch der Gehorsam ist immer da, ein inneres Geschehen, das von demütiger und kindlicher Liebe erfüllt ist.

Was bemerkenswert ist, ist die Art des Gehorsams, die Christus uns lehrt, das ist nicht der Gehorsam einem Chef gegenüber oder einem Befehlshaber, einem Minister, einem großen Manager, es ist der kindliche Gehorsam dem Vater gegenüber. Diese kindliche Art zeigt das Beispiel eines Gehorsams, der für die menschlichen Beziehungen zwischen Eltern und Kindern sehr inspirierend ist.

Wenn die „Autoren", die „Urheber" von heute, also unsere Eltern, ihrem Status und ihrer Verantwortung als Eltern treu bleiben wollen, haben sie die Aufgabe, ihre Autorität, ihre „Urheberschaft" auszuüben, um uns beim Wachsen zu helfen. Wie uns schon die Wortkunde zeigt, gibt es einen inneren Zusammenhang zwischen Zeugung und Autorität. Warum wird eine solch einfache Sache in unserer Kultur nicht verstanden?

J. L. Es gibt sicher einige Aspekte, die diese Entwicklung erhellen. Die elterliche Autorität wird nicht mehr als naturgegeben aufgenommen, trotz der tatsächlich bestehenden Verbindung, auf die Sie zwischen Autorität und Eltern hingewiesen haben. Schon allein die Tatsache der Möglichkeiten der Zeugung außerhalb der ausschließlichen Verbindung zwischen Vater und Mutter – man denke bloß an die Verbreitung aller Möglichkeiten der künstlichen Befruchtung – führt zu einer Verminderung des Symbolwertes der elterlichen Rolle. Wenn man eine Zeugung außerhalb der tatsächlichen Verbindung der beiden Elternteile hat oder sogar einen individuellen Kinderwunsch außerhalb jeglichen Familienzusammenhangs, hören die Eltern in gewisser Weise auf, die alleinigen Lebensspender zu sein. Das Kind wird manchmal die einfache Verlängerung eines Wunsches nach einem Kind, nach Vaterschaft oder Mutterschaft. Es wird nicht mehr nach seinem Wert bemessen, was es natürlicherweise ist: die Frucht der Liebe zwischen einem Mann und einer Frau, die sich gegenseitig angehören, die vereint sind und seine Eltern sind.

Der ganze Sinn von Vaterschaft und Mutterschaft ist in Frage gestellt. Wenn man den biologischen Vorgang der Zeugung von seinem elterlichen Ursprung trennt, dann kann man nicht mehr davon sprechen, dass ein In-die-Welt-Setzen von Kindern Verantwortung verlangt und Autorität verleiht.

Papst Benedikt XVI. erinnert daran, dass ohne Zweifel im Begriff der Verantwortung Liebe und Gesetz zur Übereinstimmung kommen: „Denn wie immer gilt: Freiheit und Verantwortung gehören zusammen. Erst dann nämlich wächst auch die richtige Freude, ist das richtige Ja möglich. Deshalb ist es wichtig, dass wir das christliche Menschenbild (…) in seiner Positivität, in seinem großen Ja entfalten“ (Benedikt XVI., a. a. O., S. 129–130). *Man ist da weit weg vom Übermenschen. Können Sie zurückkommen auf die Übereinstimmung, die bei Benedikt XVI. weder eine Erniedrigung noch eine Entwürdigung ist?*

J. L. Der Ausdruck Übereinstimmung ist äußerst gut gewählt. Es ist eine Art der Unterordnung der Intelligenz und des Herzens unter eine Vernünftigkeit und eine Gutheit, die darüber hinausgehen. Das ist ein natürlicher Vorgang. Weit entfernt davon, unsere Freiheit zu beschneiden, ist diese Übereinstimmung im Tiefsten eine von Herzen kommende Zustimmung. Wir machen die Erfahrung der Liebe, wir entdecken, dass diese Liebe ihren Bezug hat zu einer größeren Liebe, die über uns hinausgeht, nämlich die Liebe Gottes zu uns. Wir gehören dazu, denn wir wissen, dass im Unterschied zu der Liebe, die wir für einen Menschen empfinden, diese Liebe Gottes zu uns allmächtig ist und unendlich geduldig, eine total tragende Liebe, die den Weg eröffnet zum Leben, zum Jenseits und zu allem, was die Fähigkeiten des Menschen ermöglicht.

Die Liebe Gottes geht bis zur Hingabe seines göttlichen Lebens. Vergessen wir das nicht! Es gibt einerseits das Geschenk, das Christus mit seinem Kreuzestod gemacht hat, und andererseits das Geschenk des Heiligen Geistes, das bewirkt, dass wir angenommene Kinder Gottes werden. Das Geschenk des Heiligen Geistes macht aus uns Kinder Gottes, „göttliche Wesen“, wie die Kirchenväter es ausdrückten. Wir können uns da nur hineingeben, denn in dieser Zugehörigkeit finden wir nicht nur unser größtes Glück, sondern auch unser natürliches Glück, das danach trachtet, sich zu entfalten, sich zu erweitern und sich in einer Art zu vergrößern, wie man es nicht geahnt hat. Es ist ein himmelweiter Unterschied zwischen dem Lieben mit unseren einfachen, natürlichen Kräften und dem, das mit der Kraft der Freunde Gottes ausgestattet ist.

Das gilt für die Brautzeit und setzt sich in der Ehe fort. Könnten Sie den männlichen Beitrag nach Paulus vorstellen und kommentieren, der oft abgestempelt wird oder nach meinem Dafürhalten im Grundsatz schlecht verstanden wird: „Frauen, ordnet euch euren Männern unter"? Der Gleichheitsgrundsatz im staatsrechtlichen Denken ist mechanistisch, aber gelingt es dem Christentum, eine Gleichheit in der besonderen Bezogenheit und Ergänzungsfähigkeit überzeugend darzustellen? Wie kann es da vorgehen?

J. L. In der Heilsstruktur der Kinder Gottes geht es dem Christentum nicht darum, Gleichheiten in dem Sinne zu schaffen, in denen die Personen austauschbar wären. Es gibt da nur Einmaligkeiten. Also gibt es auch keine Gleichheit in den Vorstellungen oder ideologische Gleichheiten. Die Gleichheit, die es zwischen den Kindern Gottes gibt, ist eine Gleichheit der Würde. Es gibt keine Gleichheit der Gaben und Talente noch der Geschichte oder des Vermögens und der Familie, sondern eine Gleichheit der Würde. Jeder Mensch ist von Gott gewollt und von ihm unendlich geliebt. Das ist die eigentliche Gleichheit der Menschen untereinander.

Von da aus betrachtet ist die Frage der Unterordnung eine Fragestellung, dass jeder natürlich angeleitet wird, gegenüber der Quelle der Liebe und des Glückes sein Leben zu leben – nämlich Gott gegenüber. Da ist etwas, was der männlichen *und* weiblichen Natur entspricht. Die Männer sind gar nicht ausgenommen von der Übereinstimmung, über die schon gesprochen wurde, und von der Unterordnung, von der Paulus spricht. Wenn Paulus von der Unterordnung der Frauen unter ihre Männer spricht, dann spricht er in einem Zusammenhang, der die Sorgfalt hervorhebt, die der Mann seiner Frau gegenüber walten lassen muss, nämlich sie so zu lieben wie seinen eigenen Leib. Er liebt seine Frau, er beschützt sie, er bemüht sich um sie mit aller Sorgfalt. Johannes Paul II. schlägt eine radikal neue Auslegung in der Interpretationsgeschichte dieser Paulusstelle vor, wenn er von einer „gegenseitigen Unterordnung" spricht. Vor etwa zehn Jahren hat eine Doktorarbeit im Fach Exegese die Interpretationsgeschichte dieser Bibelstelle durchforscht und dabei die Neuheit der Auslegung durch Johannes Paul II. bewiesen. Es handelt sich um eine Unterordnung, die bei Mann und Frau nicht die gleiche Form aufweist.

Unsere säkularisierte Gesellschaft hat die Autorität und den Gehorsam schließlich aus ihren Bezügen hinausgeworfen. Der Marxismus ist darüber hinweggegangen, indem er den nur in Ansätzen bestehenden Entwurf seiner Bezüge der selbstentfremdenden Macht aufstellte. Die Heilige Schrift stellt uns jedoch eine Auffassung von Gehorsam und Autorität vor, die nichts mit diesem Vereinfachungsprozess zu tun hat. Es kommt nämlich dort ein Bezug von Autorität und Gehorsam in der Liebe vor. Jesus geht selbst sehr weit, wenn er sagt: „Meine Nahrung ist, den Willen dessen zu tun, der mich gesandt hat.“ *Auf gleiche Weise stellt das Vaterunser folgende Bitten nebeneinander:* „Dein Wille geschehe, wie im Himmel so auf Erden“ *und* „Gib uns heute unser tägliches Brot“. *Als ob gehorchen nahrhaft wäre?*

J. L. Man könnte noch einen Schritt weitergehen über das, was vorhin gesagt wurde über die äußerste Gehorsamstat, die Christus in unserer Menschennatur vollbracht hat, eine Tat, die uns befähigt hat, ihm auf diesem Weg zu folgen. Diesen kindlichen Gehorsamsakt sehen wir erneuert und täglich wiederholt im Feiern des Geheimnisses der Eucharistie. Das eucharistische Opfer ist in der Tat die Vergegenwärtigung dieses Opfers, dieses Handelns der Gnade. Deshalb wird es Opfer genannt: der Verzicht auf das eigene Leben im Aufopfern an den Vater. Und nun wird diese Tat auf sakramentale Weise zur Nahrung: Der Leib und das Blut Christi, die die gleiche Verwirklichung dieses Gehorsams sind, der bis zum höchsten Punkt seiner Vollendung ging, werden Nahrung und Trank.

Es gibt also sehr wohl einen radikalen theologischen Bezug zwischen Gehorsam und Nahrung. Der Getaufte ernährt sich vom Gehorsam Christi, er macht ihn zu seinem eigenen. Er wird also selbst Gehorchender. Das ist nicht ein bloß vorgestellter Zusammenhang, auch keine hochtheologische Wissenschaftlichkeit. Das ist die Wirklichkeit des christlichen Lebens, die eucharistische Wirklichkeit des christlichen Lebens.

In diesem Licht begreift man leicht, warum man sich auf natürliche Weise vom Gehorsam ernähren kann. Weil der Gehorsam sich auf eine Autorität bezieht. Einem Diktator gehorcht man nicht. Man erträgt sein Gesetz, weil man keine andere Wahl hat. Man ist physisch und psychisch gezwungen, sich einer Regel zu unterwerfen, die von jemandem aufgestellt wurde, von einer Partei, von einer herrschenden Gruppe, die einem nicht den geringsten Raum in der Mitgliedschaft lässt. Man wird gezwungen, man ist nicht frei. Das ist kein Gehorsam. Eine willkürliche Macht behauptet sich mit Gewalt. Grundlegend unterschiedlich dazu ist die Autorität! Sicher, sie ist mit Macht ausgestattet, aber sie ist unübertroffen in Bezug auf die Macht, die sie ausübt. Das ist eine ganze Dialektik, die die Juristen kennen: der Zusammenhang zwischen auctoritas und potestas. Es gibt keine potestas ohne Bezug auf eine auctoritas, die sie begründet.

Diese Autorität bricht aus dem Wesen der Person hervor. So auch bei Christus, der inmitten der Menschen geht und heilt, und die Menschen fragen sich, mit welcher Autorität er das macht. Die Evangelisten sagen es: „Es ging von ihm eine Macht aus“ (Lk 4,32; Mt 7,29). Und ebenso sprach er mit Autorität, denn seine Worte drückten das aus, was er war. Die Autorität von Jesus ging aus seiner Natur des Gottessohnes hervor. Die Menschen waren erstaunt und angezogen von ihm, denn alles an ihm trug dazu bei, dass sie seinen Worten nachhingen und dass sie ihm folgten.

Das Gleiche ereignet sich im Gemeinschaftsleben der Menschen. Es gibt Menschen, die Respekt einflößen aufgrund dessen, was sie sind oder weil ihre Taten das offenbaren, wer sie in Wahrheit sind. Dieses Phänomen hat übrigens die Philosophen interessiert. Scheler zum Beispiel hat die Typen des Genies, des Helden und des Heiligen studiert, die die Bewunderung hervorrufen aufgrund verschiedener Eigenschaften: das Genie durch die Grenzen der Intelligenz, die bei ihm weiter vorangetrieben scheinen; den Helden durch seine Liebe zum Gemeinwohl und Vaterland, die bis zum Opfer seiner selbst geht; und den Heiligen, dessen Liebe um Christi willen bis zum Martyrium geht, weil er eine grenzenlose Güte ausstrahlt, die bis zur Annahme seines eigenen Auslöschens geht.

Was die Eltern betrifft, so haben sie eine Autorität, die innerlich mit ihrem Stand als Eltern zusammenhängt. Es ist eine natürliche Autorität. Die Eltern sind ein Mann und eine Frau, die eine totale Verantwortung übernommen haben gegenüber der Frucht ihrer Liebe. Es ist das Kind, das bald geboren wird, das zur Welt kommt, das aufwächst, das ihr Sohn oder ihre Tochter ist. Ihre elterliche Autorität drückt sich auf das Würdigste in ihrem verantwortlichen Tun aus. Die Verantwortung ist im Innersten des Ausdruckes der elterlichen Autorität selbst. Wenn sie ihre Autorität ausüben, nehmen sie ihre Verantwortung gegenüber ihren Kindern wahr. Schauen Sie, die Verantwortung hat drei Dimensionen: Wer ist verantwortlich, für was ist er verantwortlich und vor wem? Die Eltern sind verantwortlich für den Empfang, das Gedeihen und die Erziehung ihres Kindes. Sie wollen ihm die größtmögliche persönliche, materielle, moralische und geistige Selbstständigkeit geben. Dieses Kind wird eines Tages ein Erwachsener, der sie mit den Augen eines Erwachsenen betrachten und ihre Vaterschaft und Mutterschaft schätzen wird. Das Kind wird sich als Erwachsener daran erinnern, was es erhalten hat oder was es nicht erhalten hat. Letzten Endes sind die Eltern vor Gott verantwortlich, der Quelle jeglichen Lebens. Wenn dieses Kind da ist, dann ist es nicht nur da, weil seine Eltern eine ganz bestimmte Tat vollbracht haben, sondern weil durch die Vermittlung dieser Tat der Schöpfer dazugekommen ist und dieses Leben erweckt hat. Die Vereinigungen von Mann und Frau sind nicht automatisch fruchtbar. Fruchtbare Eltern geben nicht jedes Mal, wenn sie sich vereinen, das Leben weiter. Jedes Mal, wenn die Eltern zeugen, bleibt das freie Mittun Gottes gewahrt, der das Leben gibt, es aber auch nicht gibt aus Gründen, die wir nicht bis ins Letzte kennen. Er gibt das Leben in dem Moment, den er bestimmt, er bleibt aber in der vermittelnden Einheit der Eheleute.

Die Eltern üben eine Autorität aus, von der sie wissen, dass deren Ursprung über sie hinausgeht. Wenn sie diesen Ursprung des Lebens total ausklammerten und sogar den Gedanken eines guten Schöpfergottes zurückwiesen, dann wäre ihre Verantwortung, die sich auf dieses Leben bezieht, geschwächt.

Die Autorität Gottes ist in erster Linie ein Wohlwollen. Im Zentrum der ehelichen Liebe, an der sie teilhaben, finden die Eheleute Nahrung an der Liebe Gottes durch das Gebet, und dank dieser väterlichen Fürsorge können die Paare mögliche Schwierigkeiten angehen: „Weise, die sein Gesetz achten", wie der Psalmist sagt. *Benedikt XVI. schreibt zur heiligen Katharina von Bo-*

logna: „Sie war glaubwürdig in ihrer Autorität, denn man konnte sehen, dass für sie die Autorität gerade darin bestand, den anderen zu dienen." *(Benedikt XVI., Ansprache v. 29.12. 2010)*
Wie stellt die Kirche die Beziehung zwischen Autorität und Dienst dar?

J. L. Man kann nur an die paradoxe Antwort von Jesus an Jakobus und Andreas denken, die die zwei besten Plätze im Reiche Gottes forderten. Jesus antwortet auch in Richtung der zehn anderen Apostel, die durch solch eine Anfrage aufgebracht waren: „Wer bei euch groß sein will, der soll euer Sklave sein" (Mk 10,43). Genau das hat Jesus getan. Er hat die Lebensweise eines Sklaven nicht verachtet, er hat sich zum Diener aller gemacht. Wer im Dienste aller steht, ist ein Sklave, niemand ist mehr unter ihm.

Der Dienst, von dem wir sprechen, ist nicht unterwürfig. Es ist ein Liebesdienst. Ich bin berührt vom Brief des heiligen Apostels Paulus an Philemon, als er ihm Onesimus zurückschickt: „Denn vielleicht wurde er nur deshalb eine Weile von dir getrennt, damit du ihn für ewig zurückerhältst, nicht mehr als Sklaven, sondern als weit mehr: als geliebten Bruder. Das ist er jedenfalls für mich, um wie viel mehr dann für dich, als Mensch und auch vor dem Herrn." (Phlm 15–16) – „Ich nenne euch nicht mehr Knechte, sondern Freunde" (Joh 15,15), sagt Jesus zu den Seinen. Wer Christus in den Personen seiner Brüder dient, auch der kleinsten, macht sich zum Sklaven aller und zu ihrem Diener, aber dieser Liebesdienst kann die offensichtlich niedersten Dienste umfassen. Man denke an die Heiligkeit von Martin de Porres, des Patrons von Peru, der fast Analphabet war und der sein Leben damit zubrachte, sein Kloster zu fegen. Aber er machte es mit so viel Liebe, dass die Menschen regelmäßig sich um ihn scharten. Zwischen zwei Besenstrichen gab er Katechesen. Er ist der erste Heilige von Peru, der nichts anderes gemacht hat, als den demütigsten Dienst wahrgenommen, der darin bestand, im Haushalt seines Konvents zu arbeiten. Es gibt ein Geheimnis außerhalb des Gewöhnlichen: Der Kleinste ist zum Größten geworden. Der heilige Martin von Porres wird von allen demütigen Menschen verehrt und auch von den mächtigen! Manche Heilige haben keine Schriften hinterlassen, sie haben sich weder durch gescheite Werke noch durch ihre Intelligenz ausgezeichnet, auch nicht durch brillante Reden, sondern nur durch die Liebeserweise in ihrem Dienst. Der heilige Martin ist ein Meister, der uns die Verbindung von Dienst, Liebe und Übereinstimmung lehrt. Aber es gibt auch andere!

Es scheint auch so, dass die Ausübung der Autorität, die gar nicht unvereinbar mit der Liebe ist, sogar untrennbar mit ihr verbunden ist. Der Herr hat, als er die Frucht vom Baume der Erkenntnis verbot, die Grenze gezogen zwischen seiner Identität und der seiner Geschöpfe.

Er schützte die Menschen vor der Versuchung der Maßlosigkeit. Dass der Herr von uns verlangt, gewisse Grenzen zu achten, ist nicht dazu da, uns zu bestrafen, sondern uns zu erlauben, seine Liebe zu erfahren im Geist und in der Wahrheit. „Denn Gott hat seinen Sohn nicht in die Welt gesandt, damit er die Welt richte, sondern dass die Welt durch ihn gerettet werde" (Joh 3,17*). Welches ist für Sie der Baum der Erkenntnis von Gut und Böse im Garten des Paares, im Garten der Familie?*

J. L. Ich werde ein wenig humorvoll diese Frage angehen. Da gibt es ein Wäldchen mit Bäumen aller Art, große und kleine. Ich wäre vielleicht auch so neugierig wie Adam und Eva, und ich würde gerne das kennen lernen, was jeder von ihnen anbietet. Stellen wir uns vor, es gibt da einen Baum der Kenntnis der Familie! Auf was geht diese Kenntnis zurück? Auf das Wissen, dass die Liebe, die uns beseelt und die einen außergewöhnlichen Ausdruck in der Fruchtbarkeit annehmen wird, von viel weiter herkommt als wir. Das Erste und Wichtigste ist also die Kenntnis der Quelle der Liebe, die in uns wohnt. Das Zweite: Die Früchte dieses Baumes gehören uns nicht. Wir sind nur deren treuhänderische Verwalter. Sie wurden uns anvertraut vom Meister des Lebens. Unsere Kinder gehören uns nicht und sind dennoch sehr wohl unsere Kinder! Sie erfordern unsere ganze Liebe, unsere Aufmerksamkeit, unsere Fürsorge, unsere Pflege, unsere Leiden und unsere Freuden, aber diese Kinder gehören Gott. Gott hat einen Plan für jedes von ihnen, wie er ihn auch von uns, den Eltern, hat.

Aber wenn dennoch das Leiden dazwischenkommt …?

J. L. Über den Baum der Erkenntnis des Guten und des Bösen wissen wir nicht allzu viel, was er ist. Das Ganze ist uns nicht vollständig bekannt. Aber eine Sache ist sehr sicher: Man kann nicht in das Geheimnis der Freiheit Gottes eindringen über die anderen, über die, die wir lieben, insbesondere über eines unserer eigenen Kinder. Unglücklicherweise erfahren wir etwas darüber im Nachhinein im Leiden und im Schmerz, zum Beispiel, wenn plötzlich ein geliebtes Wesen von uns genommen wird. Wenn Eltern die Prüfung des Verlustes ihres Kindes durchgemacht haben, stellen sie sich unweigerlich die Frage nach dem Sinn eines vorzeitig abgebrochenen Daseins. Ist es ein erfülltes Leben oder etwas Unerfülltes? Als Christen können wir nur an eine Erfüllung glauben, die uns nicht zugänglich ist. Wir wollen uns nicht fügen in das, was gegen die Natur ist im Tod von denjenigen, die wir lieben, und in das Leid, das daraus entsteht. Wir sagen Ja zur Liebe Gottes, die alles vervollständigt.

In diesem Zusammenhang ist es nützlich, an die Personen zu denken, deren Heiligkeit sich sehr früh zeigte und die sehr jung aus dieser Welt gegangen sind. Niemand würde angesichts der heiligen Theresia von Lisieux, die mit vierundzwanzig Jahren gestorben ist, an eine unerfüllte Heiligkeit denken. Im Gegenteil, wir finden es normal, dass sie eine der Patroninnen Frankreichs ist, Patronin der Missionen und dazu noch Kirchenlehrerin! Und was soll man bei Dominique Savio sagen, der erst vierzehn Jahre alt war, oder von Agatha und Agnes, Märtyrerinnen in frühester Jugend, oder aus unserer heutigen Zeit über den jungen Pier Giorgio Frassati, der am Anfang einer glänzenden Karriere von uns gegangen ist? Und von vielen anderen Unbekannten? Die göttliche Vorsehung ist souverän und man kann sie nur anbeten, selbst wenn ihre Absichten, menschlich gesehen, uns aufbringen. Wenn man an der Liebe Gottes zweifelt, fängt man an, die Haltung eines über Gott Richtenden einzunehmen. Wenn man an seiner Liebe nicht zweifelt, dann kann man ihn hart fragen, sogar heftig. Heilige haben das auch gemacht, aber niemals den heiligen Namen Gottes entehrt. Die erste Enzyklika von Benedikt XVI. ist ganz diesem Thema gewidmet: Deus caritas est, das heißt, Gott ist Liebe. Das lässt in uns das kindliche Vertrauen wachsen, von dem wir gesprochen haben.

Das Vertrauen kommt aus dem Wohlwollen. Der Glaube wurzelt in der Güte Gottes, an der man nicht zweifeln kann. Aber oft stößt sich dieses Vertrauen in die Güte an der Bosheit.

J. L. Ja, da ist noch eine andere Sache, über die ich sprechen möchte. Mit der Bosheit sind wir an einer ernsten Frage. Es gibt eine kategorische Trennung, ein Abgrund – wie der Abgrund, der im Evangelium den armen Lazarus von dem reichen Geizigen trennt –, das ist der, der das Wohlwollen von der Bosheit trennt. Alles spielt sich da ab. Das scheint mir sehr wichtig zu sein. Wenn man jung ist und heranwächst, hat man mehrere Urteilskriterien und Maßstäbe. Spontan beurteilt man die Menschen, manchmal ohne Mitleid. Man beurteilt die Schönen und Hässlichen, die Intelligenten und die Blöden, die Großen und die Kleinen, die Interessanten und die Langweiligen. Man hat die Neigung zum Rechts-Links-Urteil, ohne zu merken, wie relativ es ist. Im Gegenzug gibt es eine Spaltung, die fundamental ist, es ist die Spaltung, die die Gutheit und die reine Bosheit einander gegenüberstellt. Bei der einen stehen die Liebe, die Hingabe seiner selbst, der Dienst, die Übereinstimmung mit den anderen Menschen, um Ihren Ausdruck aufzunehmen. Bei der anderen die Eifersucht, der Hass, die Missachtung der Armen, die Undankbarkeit, der Zynismus, die Gleichgültigkeit den anderen Menschen gegenüber. Da ist die wirkliche Spaltung, auf die wir immer sehr gut aufpassen müssten.

Beobachten Sie die Reaktionen von Jesus: Er hatte eine zartfühlende Seele, die ihn jeden Augenblick erkennen ließ, was seinem Vater gefällt, ein Mitleiden und ein unendliches Erbarmen mit den Kranken und den Sündern. Er sah immer das Gute bei den anderen. Manchmal wunderte er sich über den Glauben eines römischen Hauptmanns oder über die Anhänglichkeit von Maria Magdalena, die Seinen unterwies er, ermutigte sie oder sandte sie aus. Man wird jedoch auch feststellen, dass es Umstände gab, wo er in Zorn geriet und dabei keine Nachsicht kannte: „Weg von mir, Heuchler …“ (Mk 7,6). Oder bei denjenigen, die das Böse tun und das Böse wollen, mit bösem Willen, der darin besteht, das Böse für die anderen zu wünschen. Es gibt offensichtlich die Schwäche der Menschen, die hin und wieder zur Eifersucht und zur Bosheit verleitet werden kann. Ich spreche von der Bosheit an sich, von dieser „ontologischen Bosheit", von der der Philosoph Jankelevitch sprach, dem eigentlichen Kern einer schlechten Freiheit, und die unerklärlich ist. Die Erlebnisse während des Zweiten Weltkrieges brachten ihn dazu, über das Geheimnis des Bösen nachzudenken, das an uns vorbeigeht und uns dazu bringt, uns an Gott mit unseren Fragen zu wenden. Eine große Zahl von jüdischen Philosophen ist so vorgegangen, deren persönliche Überlegung über das Mysterium des Bösen eine ganze Lawine theologischer Fragen ausgelöst hat. Darüber braucht man gar nicht erstaunt zu sein, denn das ist in der Tat die menschliche Logik, die die reine Bosheit nicht verstehen kann, sie nicht zugestehen kann und mit ihr auch nicht in ein schiefes Licht kommen will. So gibt es diesen Abgrund, der die Guten und die Schlechten einander gegenüberstellt. Dahinter steckt keine dualistische Logik, das ist die angewandte menschliche Freiheit, wenn sie ganz frei wählt, das Gute oder das Böse zu tun. Im letzteren Fall verneint sie sich selbst, ihre Wesensart und somit das Leben, es ist ein Nein gegenüber den anderen und der Liebe Gottes. Die Wahl des Bösen ist eine schiefe Bahn, wo alles mitgerissen wird in einem apokalyptischen Wirbelwind. Das ist ein so großes Geheimnis, dass die Denker es nur benennen konnten mit dem Ausdruck des „Entzugs des Guten", um diese Verneinung des Seins zu übersetzen. Jedes sich teilweise Einlassen auf das Böse ist gegen die Natur. Es ist etwas Metaphysisches im Dasein des Bösen an sich. In der Tat gibt es einen Moment, wo der Mensch sich einlassen kann – ich möchte nicht sagen: in den Dienst des Bösen, sondern in die Sklaverei des Bösen. Das ist das Rätsel der reinen Bosheit. Wenn es sich im Leben ereignet, dass man damit konfrontiert wird, ist das sicher eine ätzende Erfahrung in geis-tiger Hinsicht und manchmal menschlich zerstörerisch. Aber der Christ ist Sieger über das Böse und das Kreuz Christi hat den Gegner besiegt.

Man stellt sich oft die Frage nach dem Leid und dem Bösen und deren Ursprung. Diese Fragen entsprechen sich nicht gänzlich. Das Leiden kann erlösende Wirkung haben. Was das Böse angeht, mag es so scheinen, dass es niederschmetternd wirkt, wenn man vergisst, dass es besiegt worden ist, endgültig besiegt durch den Retter. Jesus ist der Erlöser.

Viele Eltern nehmen heute ihre Verantwortung nicht wahr. Niemand versteht mehr den Spruch: „Wer richtig liebt, züchtigt richtig." Man schämt sich, die miese Rolle zu spielen und das Gefühl der Schuld auf sich zu nehmen, das man mehr oder weniger hat, wenn man ein Kind bestraft. Das ist widersprüchlich im Ausdruck. Ein Kind zu bestrafen, ist eine lästige Sache. Wie denken Sie darüber?

J. L. Ein ungehorsames Kind, das gegen etwas verstößt, wird niemals ein Feind der Eltern. Daher ist eine Maßnahme in Wirklichkeit ein Mittel, das die Eltern dem Kind an die Hand geben, um ihm zu helfen beim Erkennen, wo rechts und links ist. Es ist klar, dass wir hier von einer angemessenen Maßnahme sprechen und nicht vom Ausdruck ihres Zornes oder ihrer Ungeduld. Wenn man bei ihm einen schwerwiegenden Fehler maßregelt, liebt man sein Kind nicht weniger. Aber es soll auch gesagt werden, dass es nicht nur Fehlleistungen des Gehorchens bei Kindern gibt, sondern dass es auch Eltern gibt, die fehlbar sind in ihrer Fähigkeit zu erziehen und somit auch fehlbar im angemessenen Strafmaß. Wenn ein Kind einen schwerwiegenden moralischen Fehler begangen hat, zum Beispiel einen Diebstahl, verdient das eine einwandfreie Maßnahme der Gerechtigkeit und eine Strafmaßnahme, die nur im Ermessen liebevoller Eltern liegt und die dabei auch noch ihre Liebe zeigt. Wenn man ein Kind bei einem Kaffeeflecken auf dem Tischtuch genauso bestraft wie bei einem Diebstahl, wird die Maßnahme unwirksam. Man muss sehr Acht geben. Der echte Pädagoge ist der, der auf den Weg führt. Im Allgemeinen muss man nicht gleich zu Strafmaßnahmen greifen. Aber wenn sie angewandt werden müssen, müssen sie notwendig sein und dem moralischen Gewicht entsprechen, was das Kind vielleicht angestellt hat. Dabei muss einem bewusst sein, dass das Kind sich nicht immer klar ist über die Schwere dessen, was es begangen hat. Eine Tierquälerei muss geahndet und erklärt werden. Eine Unachtsamkeit muss gerügt werden, manchmal sehr bestimmt, aber das ist nicht das Gleiche. Ich glaube, dass man sehr maßvoll sein muss. Die pädagogische Maßnahme ist immer ein Tun aus Liebe und sollte nicht den Zorn der Erziehenden ausdrücken, sondern den Ausdruck der Fürsorge des Zurückführens auf den natürlichen Weg und zu dem, was ihm guttut. Es ist manchmal besser, keine Maßnahmen in der ersten Hitze zu verhängen. Man sollte eine klare Unterscheidung machen zwischen Verstößen in einem mehr oder weniger gravierenden moralischen Bereich und Fehlern, die alle Kinder dieser Welt begehen. Heutzutage erlebt man sehr oft Eltern, die als Eltern abgedankt haben, für die sogar schwerwiegende Fehler nur ein Mittel sind, damit die Kinder eine Reife erlangen, was in moralischer Hinsicht falsch ist.

Nehmen wir einmal an, dass ich einige Male mein Kind nicht überlegt bestrafe, dann lernt das Kind auch auf diese Weise die Grenzen seiner Eltern gleichzeitig mit den seinen kennen, und das ist ein fundamentaler Lernvorgang. Nichts hindert doch die falsch reagierenden Erzieher daran, sich bei ihrem Kind zu entschuldigen. Sie werden sicher nicht die Verwechslung zwischen Knecht Ruprecht und dem Weihnachtsmann in den Kopf ihres Kindes setzen, zwischen denen es nun orientierungslos schwimmt. Im Gegenteil, das ist die Gelegenheit, mit dem Kind zusammen gemeinsam begangene Fehler zu erkennen. Oft ist es die Gelegenheit, im Verständnis dessen, was passiert ist, weiterzukommen und dabei die eigentlichen Gründe darzulegen, dank eines gegenseitigen Zuhörens. Das ist ein konkretes Beispiel, das bei uns oft vorkommt.

J. L. Hoffen wir doch, dass das Kind die Grenzen seiner Eltern auf andere Weise kennen lernt als bei überzogenen Strafmaßnahmen. Ihre Frage schneidet das Thema einer für die Einheit der Familie empfehlenswerte Praxis an, nämlich die Versöhnung. Auch da gilt eine gewisse Vorsicht. Die Eltern müssen sich bei ihren Kindern nicht entschuldigen für jedes ein wenig über das Normale hinausgehende Lautwerden in der Stimme. Aber es gibt Umstände, wo sich das als sehr notwendig erweist. Wenn sie es nicht machen, kann eine Verletzung für lange Zeit zurückbleiben. Ich denke da besonders an die ungerechten Strafen.

Zu den Verletzungen an den Kindern, die am schlechtesten verheilen, zählt besonders die ungerecht verhängte Strafe. Beim Kind muss man sich der manchmal nicht angepassten Ausdrucksweise bewusst sein. Im Fall eines Vergehens, das es nicht begangen hat, ist es gut, wenn die Eltern vor ihm eingestehen, dass sie sich geirrt haben. Ein zu Unrecht angeklagtes Kind erinnert sich sein Leben lang daran, und das kann bei ihm eine veränderte Form von Autorität auslösen, die es seinen Kindern gegenüber dreißig Jahre später anwenden wird. Es gibt ein entsprechendes Phänomen, wenn das Kind feststellt, dass ein Elternteil es angelogen hat. Wenn ein Kind entdeckt, dass sein Vater oder seine Mutter zum Beispiel ein Doppelleben führen, dann beginnt für es ein schreckliches Drama, weil der moralische Bezug zusammenbricht. Wenn Zwölfjährige und Dreizehnjährige entdecken, dass nichts, was man sie gelehrt hat, gelebt wird, dann gibt es einen psychologischen und geistigen Zusammenbruch. Die Priester und auch die Therapeuten messen daran manchmal die Folgeschäden.

Im Familienleben gibt es Extremsituationen. Aber im täglichen Ablauf gibt es auch sehr gesunde Praktiken. An erster Stelle steht das gemeinsame Gebet. Es ist gut, wenn dieses Gebet vor dem Schlafengehen beschlossen wird mit Gesten, die von den Familienmitgliedern getan werden, um sich eine gute Nacht zu wünschen und sich im Zeichen der Versöhnung zu umarmen. Man soll die Sonne über einen Ärger nicht untergehen lassen.

J. L. Da sind Eltern mit ihrem Fingerspitzengefühl zuständig. Ein Kind wird mit Liebe erzogen, aber man braucht auch nicht jeden seiner Fehler und sein Versagen noch einmal aufzuwärmen. Denn gewisse Fehler haben doch damit zu tun, dass es noch ein schwaches Wesen ist, im Wachstum, das noch nicht die Kenntnisse eines Erwachsenen hat. Meines Erachtens soll man viele Punkte nicht mehr erwähnen, selbst wenn es wesentliche Dinge sind, die immer wieder vorkommen. Alles andere ist eine Frage der Verhältnismäßigkeit und des Beurteilens. Dabei soll schon unterschieden werden, was schwerwiegend ist und was weniger. Man muss auch berücksichtigen, dass jede Familie ihre eigene Dynamik hat und ihre eigene Geschichte. Um diese Frage abzurunden – ich glaube, dass man die Kinder auch zu einer Solidarität unter sich erziehen muss. Derjenige, der ein

Vergehen meldet, sollte es nicht gerne tun. Die Lust am Petzen wird ihm vergehen, wenn er die gleiche Bestrafung erhält wie der, der sich danebenbenommen hat.

Autorität entsteht im natürlichen Bereich, aber auch in der geistigen, christlichen und moralischen Stimmigkeit, im persönlichen und ernst gemeinten Benehmen der Eltern. Wenn die Kinder wissen, dass sie Vertrauen in ihre Eltern haben können, kommt der Rest von alleine … natürlich mit der Gnade Gottes.

Alle Paare wissen aus Erfahrung, dass ein kleines Gewitter in der Ehe den azurblauen Himmel hervorbrechen lässt und die Atmosphäre reinigt. Es ist seltsam, dass wir an diesem Punkt die etwas derben, heftigen Gefühlsausbrüche fürchten, und das auch noch in einer Umgebung der allgemeinen Aggressivität, gegen die niemand aufbegehrt. Ist der Zorn nicht manchmal eine Quelle der Befreiung?

J. L. Es gibt eine irreale, idealisierende Sicht von der menschlichen Eintracht und des guten Miteinander, das alle Rauigkeiten der Sprache, alle engagierten Ausdrücke einer Überzeugung verbannt, indem sie systematisch den gegensätzlichen Meinungsaustausch vermeidet. Sie entspricht überhaupt nicht dem Vorgang im lebendigen Austausch der Menschen in den ihnen eigenen Lebensbedingungen. Man braucht sich keinen Zwang antun angesichts der Tatsache, dass eine tiefe, aufrichtige und wirkliche Liebe manchmal auch schwierige Momente durchmacht. Zum Beispiel kann eine Schwierigkeit dadurch kommen, dass eine Entscheidung von einem der Elternteile schon klar getroffen scheint, während der andere noch voller Zweifel ist – über die Wahl einer gewissen Schule beispielsweise. Dann kann es einen Meinungswechsel geben mit einer bestimmten Lebendigkeit im Ton, also etwas sehr Begreifliches. Wenn man dann ganz nüchtern das festgestellt hat, kann man zu einer überlegeneren Vorgehensweise wechseln und sich eingestehen, dass der zu heftige Ausdruck einer Überzeugung verletzen kann und wir auch fehlen können. Man vermeidet also, seiner eigenen Überzeugung diese Vehemenz zu geben. Wie weit die Toleranzbreite im täglichen Leben geht mit seinen Mängeln, seinen

Höhen und Tiefen und gleichzeitig mit der absoluten Sorge, die Sensibilität des anderen nicht zu verletzen, darüber schwanken die Meinungen in dem, was allgemein als normal angesehen wird. Der unvermeidliche Charakter solcher Zusammenstöße darf nicht zu einer Haltung führen, wo man dieser Neigung freien Lauf lässt … In gewissen Fällen genügt es, einen Tag abzuwarten, um über ein Problem noch einmal zu sprechen, und alles geht dann in völliger Ruhe.

Wenn wir auf den Anfang meiner Antwort zurückkommen, das heißt auf diese derzeitige Idee, dass alles wie geschmiert zu laufen hat, egal, wie die Umstände sind, bemerkt man, dass die Wahrheit Angst macht. Man mag den anderen in dem Maße, als er uns mit seinen Meinungen nicht stört. Wir leben in einer Zivilisation, wo man es nicht gern hat, vom anderen gestört zu werden. Ich erinnere mich an den Ausspruch von Maritain: „Man hat nicht ein zartfühlendes Herz, wenn man ein angenehmes Denken hat. Und hinter einem kraftvolles Denken muss sich nicht ein hartes Herz verbergen." Bemühen wir uns also um ein solides und kraftvolles Denken, mit einem noch mehr liebenden Herzen, das so zartfühlend wie möglich ist.

Die Sprache des Körpers (im Bereich der Liebe wie auch im Bereich der Autorität) scheint ihren Sinn verloren zu haben. Die Erotik hat sich von der lebendigen Quelle der Liebe abgetrennt, und viele Eltern wagen nicht, in Wirklichkeit durchzugreifen, weil sie, ohne es zu wissen, terrorisiert sind durch ihre eigene Heftigkeit, die sie fürchten, nicht kontrollieren zu können. Könnte die Familie nicht der Ort einer neuen Erziehung dieser Sprache des Körpers sein, von der die ganze Gesellschaft profitieren könnte?

J. L. In der Körperlichkeit des Mannes und der Frau spricht man nie von Erziehung in Bezug auf seinen eigenen Körper und den Körper des anderen. Die Familie ist eine Hohe Schule des Lernens der persönlichen Würde, nicht der übergroßen Schamhaftigkeit, noch der übergroßen Strenge oder der Angst, sondern der Intimsphäre des anderen. Das ist meines Erachtens sehr wichtig, vor allem unter Geschwistern: niemals in ein Zimmer gehen, ohne anzuklopfen, den gegenseitigen Respekt vor den

Zimmern wahren, wenn die Eltern separate Zimmer sich leisten können (was nicht immer der Fall ist). Das wären sinnvolle Anweisungen. Johannes Paul II. sprach oft das Thema der Schamhaftigkeit an, dem er eine Katechese gewidmet hat, die zeigt, dass die Scham die persönliche Würde, die Würde des Leibes schützt. Der Scham kommt eine große Rolle zu. Sie ist eine persönliche Verteidigung der eigenen Intimsphäre. Die ganze Person in ihrer Erscheinung, was von ihr bekannt ist, ihr Gesicht, ihre Silhouette, ihre Hände, lässt das Geheimnis ihrer Intimsphäre intakt. Der körperliche Intimbereich ist von großer Wichtigkeit. In allen Kulturen gibt es Verhaltensregeln zum Schutz der Personen, ihrer körperlichen Intimsphäre, somit auch den Respekt vor dem anderen in dem, was er für sich bewahrt. Der Körper soll ein dauernder Ausdruck sein für die Person in dem, was sie ist – seine Personalität.

Die Krise von Ehe und Familie hat einen engen Bezug mit der modernen Autoritätskrise. Diese ist ein komplexes und schwer erklärbares Phänomen, das mit dem Gewirr vieler Faktoren zusammenhängt, vor allem mit dem hartnäckigen Einfluss der marxistischen Ideologie, die nicht wie das Christentum die Personen anerkennt und die die Beziehungen als solche der Gewalt ansieht. Ein gewisser Feminismus, in seiner Konzeption Erbe dieser Strömungen, hat Schäden inmitten der Institution Familie angerichtet. Wie soll man heute über den Status der Frauen und Hausfrauen denken?

J. L. Das ist eine heikle Frage. Ich bin tief davon überzeugt, dass nur die Kirche zu dieser Frage die notwendigen, ernst zu nehmenden Fakten beigetragen hat, um sie in ausgewogener Sprache zu analysieren. Zum Beispiel hat sie einen wichtigen Text der Würde der Frau gewidmet. Die Kirche trägt den neuen Erfordernissen, die diejenigen der Frauen sind, Rechnung, aber in einer Vorgehensweise, die den Unterschied zwischen Mann und Frau nicht aufhebt. Wie Sie wissen, hat sich der Feminismus in seiner profanen Ausrichtung in der angelsächsischen Kultur seit eineinhalb Jahrhunderten entwickelt, und er hat sich auf dialektische Weise ausgedrückt, indem er vorgab, alle Unterschiede in der Wahl der Lebensführung, der Kinder und der beruflichen Tätigkeiten abzuschaffen. Man vergisst oft, dass eine der

Misslichkeiten dieser einseitigen Auffassung des Feminismus ist, dass er in das totalitäre System des sowjetischen wie auch des chinesischen Kommunismus aufgenommen wurde. In diesen Systemen waren und sind die Frauen aufgerufen, Berufe auszuüben, die physisch äußerst anstrengend sind. Die Frauen machten Schwerarbeit und fuhren sehr große Maschinen. Hat das zu einer Befreiung der Frau geführt? Offensichtlich nicht. In dieser aufgezwungenen Lebensform in den totalitären Regimen waren sie nicht frei, Kinder zu haben. Ich erinnere Sie daran, dass das Hauptproblem des nachsowjetischen Russland ein demografisches Problem ist. Die Frauen, die in diese harten Berufe eingeführt wurden, wurden dazu gebracht, keine Kinder zu bekommen. Jedes Mal, wenn ein Kind sich ankündigte, reagierte man mit einer Abtreibung. Im Durchschnitt gibt es mehrere Abtreibungen pro Frau in Russland. Wir haben ein Land, Russland, das rund 900.000 Personen jedes Jahr verliert, während die Zahl der Abtreibungen jedes Jahr höher ist, nämlich eineinhalb Millionen. Das sind die offiziellen Zahlen. Eine verzerrte Auffassung eines Feminismus, der auf der Gleichmacherei der Kraft beruht, einzig und allein der Kraft, hat den Frauen es verunmöglicht, Kinder zu empfangen.

Gibt es einen Feminismus, der ausgeglichener ist? Ja. Die Kirche fordert den absoluten Respekt vor der Würde der Frau. In der geschichtlichen Entwicklung sind nach und nach neue Anforderungen entstanden. Der legitime Wunsche einer Frau, einen Beruf zu haben, zu studieren, einer Arbeit nachzugehen, ist etwas, was man berücksichtigen muss und gleichermaßen ihren tiefsten Wunsch und ihre Sehnsucht, das Wertvolle von Ehe, Familie und Mutterschaft zu erleben. Das Problem liegt darin: Welchen Stellenwert verbindet man und erkennt man auch an in diesem Streben von Frauen, ein Leben in Ehe und Familie mit den beruflichen Erfordernissen in Einklang zu bringen? Sehr zahlreich sind diejenigen mit ihrem Wunsch, Kinder zu erziehen und ihnen die ganze notwendige Zeit in ihren ersten Lebensjahren zu widmen. Die Achtung vor der Würde solch einer Frau in all den angesprochenen Bereichen erfordert eine klare Anerkennung der Tätigkeiten einer Mutter – was tiefgreifende ökonomische Maßnahmen erfordert –, wenn sie sich mit Kindern beschäftigt und während einiger Jahre eine berufliche Tätigkeit aufgeben muss.

Was eine Frau bei sich zu Hause tut, kommt der ganzen Gesellschaft zugute. Sie verlangt nicht von einer Einrichtung, es an ihrer Stelle zu tun. Die Frage einer politischen Bewertung und Anerkennung dieses Beitrages müsste ein wesentlicher politischer Einsatz sein. Die Gestaltung der Arbeitszeit ist auch ein wesentlicher Aspekt. Eine Frau müsste auch die von ihr gewünschten Kinder haben dürfen. Sie dürfte nicht gezwungen werden, auf den fundamentalen Wunsch der Mutterschaft zu verzichten aus praktischen Gründen wirtschaftlicher und finanzieller Schwäche, die vom Staat auferlegt werden. Man beobachtet, dass die Länder, die eine weniger katastrophale demografische Entwicklung durchmachen als die anderen, durch Unterstützungen der Familien diesen eine substanzielle Hilfe gegeben haben. Wir könnten sehr lange über die demografische Entwicklung von jedem europäischen Land sprechen, indem wir die Hilfen analysieren, die den Familien gewährt wurden. In Italien gibt es diese Hilfen praktisch nicht, und das Land hat seit sechsunddreißig Jahren einen demografischen Winter, der äußerst besorgniserregend ist. Die Kirche denkt angestrengt über diese Fragen nach. Das ist eine der Aufgaben des Päpstlichen Rates für die Familien.

In diesem Zusammenhang kann man die Frage nach den Müttern stellen, die arbeiten und spät nach Hause kommen. Die Kinder sind sich selbst überlassen vor ihren Bildschirmen und sind auf der Straße.

J. L. Man muss das in einem Zusammenhang sehen. Das Leben einer Familie ist ein Gleichgewichtsystem. Da gibt es ein Abstimmen von Notwendigkeiten, eingeschlossen neue Notwendigkeiten. Man kann eine Notwendigkeit nicht zurückweisen, weil sie neu ist in Bezug auf andere, die früher existierten. Man muss einfach vermeiden, was das gesamte Gleichgewicht der Familie gefährdet. Es gibt Menschen, die dreihundert Kilometer von ihrer Wohnung entfernt arbeiten. Wenn Eltern zwei Stunden entfernt von zuhause arbeiten, wenn ein Familienvater in Paris arbeitet und in Lyon oder Dijon wohnt, dann bewirkt das ein sehr prekäres Gleichgewicht in der Familie. Man kann eine solche Situation ein oder zwei Jahre durchhalten. Aber ein Leben, das in seinen richtigen Gang kommen soll um solch eine Anomalie, scheint sehr problematisch zu sein in Hinsicht auf ein menschenwürdiges Dasein.

Die gleiche Frage stellt sich den beiden Eltern. Was machen die Kinder, wenn die Mutter spät heimkehrt? Dann muss man die Entscheidungen gewichten. Niemand bestreitet die Legitimität einer Wahl, die sich allein darauf bezieht, eine Karriere zu machen und dabei alle anderen Lebensbereiche hintanzustellen. Das ist eine persönliche Entscheidung. Aber die Wahl, eine Familie zu gründen, fordert einen Zusammenhang. Man kann mehrere Dinge vielleicht um den Preis von Opfern kombinieren, aber nicht sich widersprechende Dinge. Man müsste jeden dieser Gesichtspunkte genau überlegen und die Toleranzschwellen in diesem Bereich sehen. Menschen nehmen eine Stunde für den Berufsweg am Morgen und am Abend in Kauf. Sie sind dabei nicht ausgeglichen, aber sie machen es. Das ist eine Sache. Aber geht es an, dass jemand zwei Stunden am Morgen und zwei am Abend auf dem Arbeitsweg verbringt, wenn er eine Aufgabe in der Familie hat? Man muss sich die Frage in diesen Worten stellen. In gewissen Ländern muss man das Auseinanderbersten von Familien aus ökonomischen Gründen mit ansehen. Die Frau bleibt im Land mit den Kindern, und der Vater geht weg zu seiner beruflichen Arbeit in einem anderen Land und kehrt nur einmal pro Jahr zurück. Man kann nicht sagen, dass das familiäre Gleichgewicht dabei gewinnt!

Ohne dabei über solche Situationen den Stab zu brechen …

J. L. Selbstverständlich. Wer wird ein Urteil fällen, wenn er nicht in die unmittelbare Verantwortung eine Paares oder einer Familie gestellt ist? Die Frage geht nicht darum, ein Urteil zu fällen, weder über Personen noch über die Wahl, die sie treffen. Man muss einfach klar herausstellen, dass es unter den für die Familie wichtigen Elementen auch Dinge gibt, die das familiäre Gleichgewicht und das des Paares in Gefahr bringen. Also überprüft man sie und versucht, sie zu heilen. Es geht darum, das vorsichtige Abwägen der Familien, die elterliche Sorge für die Kinder und die wirtschaftlichen und finanziellen Notwendigkeiten miteinander zu verbinden.

Oft sagen die Leute: „Ich habe keine Wahl." Dabei merkt man, dass sie keinen Verzicht auf Dinge des Komforts leisten möchten.

J. L. Das Ganze dreht sich um die Frage: Was ist der größte Wunsch? Man kann nicht hundert große Wünsche auf einmal haben und sie sich erfüllen. Im Herzen des Menschen ist Platz für den Wunsch nach dem Unendlichen, aber es gibt keinen Platz für die Unendlichkeit der Wünsche. Wenn man die Wahl für einen Ehemann, für eine Ehefrau getroffen hat und wenn dann Kinder da sind, dann ist das eine fundamentale Wahl, besonders wegen der Verantwortung, von der wir früher schon gesprochen haben. Die Berufstätigkeit dient auch dazu, die Fähigkeit einer Person fruchtbar zu machen, aber sie ist der Versorgung der Familie untergeordnet und nicht nur eine Selbstverwirklichung. Genau hier werden die Entscheidungen gefällt, und zwar in dem Moment, wo die sich widersprechenden Orientierungen auftauchen. Was würde ich opfern, was ausüben, was vorziehen? Das ist die ganze Frage des Urteilens.

Sie heben hervor, dass „die Erziehung ... ein Begleiten und nicht eine Gewalt" sei. In der Erziehung kann man die Rolle der beiden Eltern nicht voneinander trennen. Ich zitiere Sie: „Die menschliche Vaterschaft und Mutterschaft ergänzen sich so, dass ihr jeweils eigener Anteil sich Zug um Zug auf entscheidende Weise zeigt." Wie sehen Sie die Aufteilung der Rollen in der elterlichen Autorität, damit die Kinder nach und nach ihre eigene persönliche Identität entdecken?

J. L. Das ist eine Frage, die eine gewisse Anzahl von Aspekten anthropologischer Art beinhaltet. Grundlegende Tatsache ist, dass das Kind seine Eltern braucht, und zwar seine beiden Eltern. Aber andererseits braucht es während seiner Entwicklungsphasen vorzugsweise die eine oder die andere elterliche Person.

Der klassische Ablauf ist so: Das Neugeborene braucht Geborgenheit, die nur die Mutter ihm geben kann, weil sie die totale Geborgenheit verlängert, die es im Mutterschoß hatte. Dass es im Augenblick der Geburt von ihr getrennt wurde, wird sich im Laufe der ersten Lebensmonate in seiner Person festigen. Während dieser Monate wird das Kind nicht spontan zwischen seinem Körper und dem der Mutter unterscheiden. So ernährt es sich von seiner Mutter, es hat das grundlegende Bedürfnis, in ihren Armen zu liegen, es braucht den körperlichen und gefühlsmäßigen Kontakt. Dann kommt früher oder später der von der persönlichen Situation abhängige Augenblick, wenn das Kind die Gestalt des Vaters in sich aufnimmt. In psychologischer Hinsicht: Wenn die Mutter eine Gestalt der Sicherheit ist, ist der Vater eine Gestalt der Autorität und der moralischen Norm. In den ersten Monaten wird der Vater als Rivale empfunden. Er ist derjenige, der Rechte auf die Mutter hat. Das Kind entdeckt, dass seine Rechte gegenüber seiner Mama nicht unendlich sind. Es entdeckt eine andere Gestalt, die Anrechte auf seine Mutter hat. Das ist ein manchmal schmerzlich verlaufender Prozess. Aber das Kind muss ihn aufnehmen. Das ist ein wichtiger Entwicklungsschritt für den Aufbau seiner Persönlichkeit. Wenn das normal und natürlich abläuft, meistens sehr früh zwischen eineinhalb und zwei Jahren, dann nimmt das Kind die Gestalt seiner Eltern unterschiedlich auf und es nimmt auch in sich auf, dass seine Eltern zusammengehören, aufeinander abgestimmt sind und zu zweit eine Autorität bilden, auf die es sich einstellt. Wenn es anfängt, „Papa“ und „Mama“ zu lallen, wenn es seine erste Erfahrung der Sozialisation macht mit seinen Geschwistern und dann in der Schule, dann wird es sehr schnell sagen: „meine Eltern“, „mein Papa und meine Mama“. Es bringt beide zusammen. Es bringt beide in Zusammenhang mit sich.

Wenn es heranwächst, braucht das Kind die für es ordnende Gegenwart seines Vaters. Das Vertrauen, das sein Vater ihm einflößt, die kleinen Geheimnisse, die er mit ihm teilt, bauen es auf. Das hindert das Kind daran, sich dauernd auf seine Mutter zu beziehen, denn die Mutter bietet immer Sicherheit. Die heranwachsenden Kinder brauchen Zug um Zug mehr an Hilfe von Vater und Mutter. Ein Mädchen, dessen Körper sich im Laufe des Heranwachsens verändert, braucht die Mutter besonders. Der heranwachsende Junge muss sich mit seinem Vater messen. Dieser ist auch ein wenig Rivale, er hat nach und nach aus seiner Sicht Fehler: Er ist weniger sportlich, er versteht nicht viel von den neuen Technologien … und er ist immer alt. Aber worauf es ankommt, ist nicht eine rosafarbene

Meinungsgleichheit bei allem, sondern dass das Kind mit jedem seiner Eltern frei sprechen kann.

Es soll sich frei ausdrücken können, ohne dass ihm in einer Retourkutsche Lektionen und Ratschläge erteilt werden. Es gibt nichts Unerträglicheres als moralisierende Eltern. Die Kinder sollen nicht immer hören: „man muss", „du sollst". Es ist gut, wenn sie es manchmal hören, doch nicht ununterbrochen. Manchmal sagen die Jugendlichen: „Lasst mich noch schnaufen. Ich weiß, was ich zu tun habe." Die Jugendlichen wissen nicht immer, was sie zu tun haben, aber sie müssen es sagen. Man braucht Verstand und Klugheit, sehr viel, um Kinder groß zu ziehen.

Von der Autorität und dem Gehorchen kommen wir zum Verzeihen und somit auch zur Sünde. Die französische Devise, die unsere Rathäuser auf ihren Fassaden zur Schau tragen und manchmal sogar unsere Kathedralen, die in der Revolution mit „Freiheit, Gleichheit, Brüderlichkeit" verziert wurden, wird nicht mehr in ihrem ursprünglich christlichen Sinne von der heutigen Demokratie verstanden. Wir haben Schwierigkeiten, Gleichheit in der Verschiedenartigkeit zu verstehen, und ein großes Unbehagen stellt sich bei den meisten unter uns ein, wenn man sich vorstellen soll, dass ein Ausüben von Autorität ein Liebeserweis sein kann. Wir weisen den Begriff der Erbsünde zurück, wir sprechen nicht mehr vom Schuldigwerden, um uns dessen zu entledigen. Mit dieser Haltung des eingefleischten Entschuldigens um jeden Preis geht eine Leugnung der Erbsünde einher, was eigentlich in Wirklichkeit ein tiefes Bedürfnis nach Verzeihen an den Tag legt. Was denken Sie darüber?

J. L. Sie sprechen von unserer republikanischen Dreierparole. Wenn man wirklich ernst nähme, was jeder dieser Ausdrücke auch im christlichen Sinne bezeichnet, wäre man sehr überrascht. Es wurde schon gesprochen über die Freiheit der Kinder Gottes, die nicht eine beliebige Freiheit ist, wo man alles machen kann, was man will und wann man will. Man spricht von Gleichheit, genauer von der Gleichheit der Würde der Kinder Gottes. Aber man spricht heute nie vom dritten Ausdruck, von der Brüderlichkeit. Davon spricht man nie. Und selbst in den philosophischen Familien, die den Ausdruck Bruder gebrauchen, geschieht das auf versteckte Weise. Nur in der Kirche sprechen die Getauften sich öffentlich als Brüder an, nicht im Geheimen, und halten sich dabei an dieses brüderliche Band, das zwischen den Menschen besteht, die in der Kindschaft Gottes leben.

Kommen wir zurück auf den Kern der Frage, das Verzeihen. Die Bitte um Vergebung wird als eine Demütigung und Erniedrigung angesehen. Wenn die Welt die Liebe in ihrer Größe nicht annimmt, in ihrem Fordern, in ihrer Reinheit, wird sie erst recht nicht das annehmen, was ein Ausdruck der Liebe ist und was man mit dem Ausdruck „verzeihen" meint. Wie Sie wissen, kommt das entsprechende französiche Wort „pardon" aus dem lateinischen „perdonum", was bedeutet: ein vollkommenes Geschenk. Die Vorsilbe per drückt eine Zutat, eine Vervollkommnung aus. Das Verzeihen ist eine vollendete Liebe, es ist die von Gott praktizierte Liebe.

Und genau in diesem Zusammenhang versteht man den eigentlichen Sinn der Ursünde, an der alle Menschen ihren Erbanteil haben. In ihrer Natur ist etwas in der Beziehung mit Gott zerbrochen und auch mit den anderen Menschen. Der Bezug zu Gott ist nicht mehr spontan, vertrauend, nicht mehr aufnehmend, nicht mehr gehorchend, in all den Sinnbezügen, die wir schon angesprochen haben. Im Grunde wäre die Beziehung zu Gott schon umgewandelt, wenn der Mensch akzeptieren würde, dass Gott ihm verzeiht. Das Problem ist nicht, dass es einen Gott gibt, der verzeiht, und ein Mensch, dem verziehen wird. Das Problem ist der Widerstand gegen das Verzeihen von dem, der nicht will, der nicht begreift und Gott nicht bittet, ihm zu verzeihen. Dennoch ist das Verzeihen ein Anspruch der Liebe. Wenn zwei Menschen sich lieben und die Liebe ist verletzt worden, dann erlaubt nur eine gewährte Verzeihung das Überleben der Liebe. Wenn es gewährt wird, muss es in lauterer Absicht geschehen. Um Verzeihung bitten kostet etwas; denn man gibt sich in die Abhängigkeit eines Verzeihens, das uns gewährt werden kann oder das uns auch verweigert werden könnte. Die Menschen sind oft hart zueinander. Gott ist reich an Erbarmen, er vergibt immer, wenn man ihn aufrichtig und wahrhaftig darum bittet.

Das Verzeihen gibt der lebendigen Liebe eine Gestalt. Es gehört zum

Atmen der Liebe. Es gibt keine Liebe ohne Verzeihen. Denn das würde bedeuten, dass man perfekt ist, wenn man liebt. Aber nein! Man bemüht sich um Vervollkommnung, aber man erreicht nie den Zustand, wo man jenseits davon ist, dass man sich zu entschuldigen hat oder dass einem eine Verletzung verziehen wird. Also, Verzeihen muss es geben. Man sollte aber auch das normale Leben nicht dramatisieren und sagen, dass es notwendigerweise in jeder menschlichen Gemeinschaft Zeiten schwerwiegender Konflikte gibt. Nicht alle Paare sind uneins, auseinandergegangen, nicht alle zerfleischen sich. Aber es kommt vor. Es gibt aber auch das Vergeben kleiner Verletzungen und deshalb auch eine angewandte Praxis des Verzeihens, eine Geisteshaltung des Verzeihens, die ganz einfach sein sollte. Wir haben schon vom Bild des Kusses gesprochen, den sich Eltern und Kinder am Abend vor dem Schlafengehen geben.

Die Versöhnung wäscht die kleinen Verletzungen ab, sie bewahrt aber auch vor den großen. Das Vergeben verleiht der innigen Gemeinschaft einen Habitus der ersehnten innigen Gemeinschaft, dass man ihr auch Mittel und Möglichkeiten dieses Verzeihens gibt. Für die Getauften setzt das eine lebendige Verbindung mit dem Verzeihen Gottes voraus. Ich frage mich, wie es möglich ist, in einer Familie das Vergeben zu praktizieren, wenn keines ihrer Mitglieder sich nicht vom Verzeihen Gottes im Sakrament der Versöhnung überschütten lässt. Die Vergebung ist nicht zum Dramatisieren da, um noch ein zusätzliches Gewicht auf das Leben der Familienmitglieder zu setzen. Das Vergeben ist die Frucht eines inneren Anspruchs. Wenn man das Gefühl hat, jemanden verletzt zu haben, dann hat man doch in der Folge das innere Bedürfnis, sich mit diesem Menschen zu versöhnen. Wenn einer zum anderen sagt: „Ich vergebe dir“, dann ist es so, wie wenn er zu ihm sagen würde: „Ich verbinde mich mit dir.“ Und Sie können sich vorstellen, wie sehr dies der Bindung zwischen Eheleuten ansteht. Das bedeutet doch: „Ich gebe dir meine ganze Liebe zurück und alle Rechte, die du auf mich hast, ich biete sie dir aufs Neue an.“ Genauso wie im Gleichnis vom verlorenen Sohn. Er kommt zum Vater und stottert seine Entschuldigungen. Sein Vater lässt ihn nicht einmal ausreden, er umarmt ihn und bedeckt ihn mit Küssen. Das ist nicht ein Händedruck auf Distanz! Er gibt ihm alle seine Rechte auf seine Güter zurück: ein Ring, Sandalen, ein schönes Gewand, und er feiert seine Rückkehr mit einem Festessen.

Ich denke an zwei befreundete Erzbischöfe, die auf der arabischen Halbinsel, im Iran und in den maghrebischen Ländern Nuntius waren. Für sie ist der große, fundamentale Unterschied zwischen dem Islam und dem Christentum der, dass es im Christentum die Vergebung gibt.

J. L. Ich meine es auch. Christus hat uns die Vergebung gelehrt.

Könnten wir uns bezüglich der Familie auf die Frage des Verzeihens im Falle der ehelichen Untreue einlassen? Der Untreue in Gedanken, in der Tat? Geht der Anspruch der Liebe nicht weiter als die Tat?

J. L. Unter allen Verletzungen, die die eheliche Einheit angreifen, hat die der Untreue ein besonders schweres Gewicht. Sie verwundet zutiefst, denn sie dringt in den Bereich, der das Wesen des Ehebündnisses selbst ist. Das eheliche Bündnis ist von seinem Wesen her einmalig, total, ohne Vorbehalt. Die Untreue ist ein Verrat am Bündnis, eine tiefe Verletzung. Sie ist übrigens so tief, dass in zahlreichen Gesetzen der Ehebruch das Recht des betrogenen Partners begründet, die Ehescheidung zivilrechtlich zu verlangen. Das war auch in Frankreich bis vor einigen Jahren noch so. In religiöser Hinsicht kann man die Dinge so nicht beschreiben. Das Schwerwiegende der Untreue bei einem Ehebruch kann nicht geleugnet werden. In der christlichen Ehe fügt er dem menschlichen Verrat eine Verletzung des Ehesakramentes hinzu, eine Art Entweihung, selbst wenn diejenigen, die den Ehebruch begehen, nicht vorhatten, das Sakrament zu entweihen. Es ist faktisch etwas Heiliges und Heiligendes in der Ehe, das im Falle des Ehebruches nicht mehr gilt. Er ist eine schwerwiegende Tat gegen den Ehemann oder die Ehefrau und gegen Gott. Und gegen die Kinder auch. Sie sind Kinder einer ehelichen Gemeinschaft, eines Vaters und einer Mutter, die sich in diesem unwiderruflichen Ehebündnis vereinigt haben. Der Ehebruch schafft eine neue Situation, in der das Bündnis der Eheleute an Festigkeit und Inhalt verliert.

Die Seelsorger und die Begleitpersonen wissen bei solchen Vorkommnissen, dass er einer der am schwersten zu verzeihenden Fehler ist. Wenn die Liebe verraten wurde, ist es sehr schwierig, aus rein menschlicher Sicht zu verzeihen. Der Verrat an einer Liebe nimmt die Voraussetzungen weg, in denen sich das Vertrauen in die Zukunft ausdrücken können muss. Er ruiniert und schwächt die Fähigkeit, Vertrauen in den Menschen zu setzen, der verraten hat. Und was die Gemeinschaft der Eheleute angeht, so ist das Bündnis schwer verletzt.

Auf jeden Fall gibt es eine Reaktion, wenn die im Ehesakrament echt verbundenen Eheleute den aufrichtigen Wunsch haben, dass ihr Bündnis weitergeht und sich erneuert. Angesichts einer schweren Prüfung wie beim Verrat oder Ehebruch muss die Reaktion angemessen sein. Das Bündnis muss erneuert werden, und das kann nur durch ein Verzeihen geschehen, das nicht oberflächlich, sondern ernsthaft, tief und überlegt ist und das bei Getauften von der Quelle der sakramentalen Versöhnung lebt. Liegt also ein schwerwiegendes Vergehen vor, das man gerne vergeben möchte, gibt die sakramentale Versöhnung, von der eigentlich die eheliche Spiritualität lebt, demjenigen, der verraten wurde, die Gelegenheit, sich von der Kraft des Verzeihens Christi durchdringen zu lassen. Christus ist der Inbegriff dessen, dessen Liebe verraten wird. Gott ist derjenige, dessen Liebe immer verraten wird durch die Sünde und das Versagen der Menschen. Aber er erneuert das Bündnis mit den Menschen, indem er ihnen vergibt. Was für Gott möglich ist, ist nicht sofort für den Menschen möglich, aber kann es dennoch werden durch die Gnade und Kraft Gottes, durch die sakramentale Kraft, die im Gebet empfangen wird. Dazu ist in diesem Fall ein tiefgreifender Neuaufbruch in Wahrheit notwendig. Eine Vergebung kann nur auf gutem Weg gewährt werden, und somit muss derjenige, der den Verrat begangen hat, in sich kehren, sich ein neues Herz schaffen, es reinigen, es erneut von Neuem ausschließlich für die Liebe des anderen bereit machen. Er muss sich versöhnen mit seinem Ehepartner und auch mit Gott. Das ist eine schwierige Angelegenheit und braucht Zeit. Es ist auch klar, dass nicht jeder Verrat von gleicher Tragweite ist. Es gibt mehrfache Ehebrüche wie die außerehelichen Beziehungen von langer Dauer. Wenn das außereheliche Verhältnis sich über mehrere Jahre erstreckt und das Ehe- und Familienleben scheinbar alle Anzeichen von normaler Beziehung hatte, ist das Verzeihen sehr schwierig. Es wird auf ganz besondere Widerstände treffen, wenn es Form annehmen will und seine Früchte tragen. Es wird den verratenen Partner eine manchmal heroische Anstrengung kosten. Ein Ehepartner, der sich bewusst zur Vergebung dieses Fehlers durchgerungen hat und zu seinem Partner sagt: „Ich schließe das Ehebündnis neu mit dir", vollzieht einen hochgradigen christlichen Akt von großer Würde. Der Christ ist bereit, bis zum Verzeihen seiner Feinde zu gehen. Derjenige, der die Liebe verraten hat, hat sich wie ein Feind benommen. Das vergrößert noch das Leiden, weil die Liebe verraten wurde in dem, was sie bedeutet, in menschlicher Hinsicht, aber auch in geistiger und ethischer Hinsicht.

In der Vergebung von Christus, der all denen vergibt, die seine unendliche Liebe verraten haben, gibt es einen möglichen Weg, der sehr schmal ist und alles braucht, der aber zum Verzeihen führt. Wenn die Wunde des Ehebruches nicht verheilen will, besonders wenn der ehebrecherische Partner nicht bereit ist, mit seinem Verrat Schluss zu machen, reagieren die Opfer verschieden je nach Temperament und nach der persönlichen Lebensgeschichte von beiden. Einige vergeben, sogar in diesen Momenten, indem sie sich auf die Verzeihung Christi stützen, die immer gewährt wird, immer wieder, während wir ihn immer wieder verraten. Andere jedoch verspüren in sich nicht mehr die Möglichkeit einer Liebesregung.

Im Allgemeinen ist es gut, nicht auf Situationen zu warten, die unumkehrbar sind. Die Paare in Krise brauchen die Begleitung eines Priesters und den Beistand von bewährten Freunden. Man kann ihnen raten, gemeinsam Tage der Besinnung zu machen, eine Wallfahrt, eine Reise zu zweit, um wieder neu ihr Ehebündnis aufzunehmen und zu beleben mit Tätigkeiten, die ihnen viel bedeuten. Die Vergebung kann Zeit brauchen, wenn sie aber gewährt wurde, braucht sie nicht wiederholt zu werden. Wer aufrichtig um Vergebung bittet, begibt sich in die Abhängigkeit dessen, den er verletzt hat, und er tut es in der Hoffnung, dass ihm vergeben wird. Er möchte aus dieser Situation herauskommen, die er durch sein Tun und seine Entscheidung verursacht hat. Er wartet darauf, dass ihm vergeben wird. Man kann von vornherein nichts sagen über die Art des Vergebens, das sehr unterschiedlich sein kann je nach den persönlichen Situationen und Lebensgeschichten.

Die eheliche Untreue ist deshalb sehr schwerwiegend, weil sie das Wesen der ehelichen Einheit berührt. Die Untreue ist oft am Ende eines Prozesses, der nicht mit dem Akt der Untreue beginnt. Oft ist die Fantasie voller Bilder und symbolischer Botschaften aus dem erotischen Bereich. Ohne besondere kraftvolle Gegensteuerung ist es sehr schwierig, diese suggestiven Eindrücke zu vermeiden. Heute werden die Menschen pausenlos von Tausenden von Bildern angegangen. Dieses Problem ist übrigens sehr besorgniserregend für die Jugendlichen, die wenig geschützt sind. Die Vorstellungskraft muss dauernd gereinigt werden.

Es gibt eine Fantasieverschmutzung.

J. L. Ja. Sie wühlt tief in den psychischen Bereichen der Mitteilungsfähigkeit. Der Mensch, der nicht stark im Beten ist, wird von dieser Art der Suggestion verwundbar. Man ist sich darüber einig, dass diese Gedanken und Eindrücke schon an der Wurzel gepackt werden müssen und immer wieder dem Erbarmen Gottes anheimgestellt werden müssen. Es sind Fehler, die in aller Einfachheit und Demut vor Gott eingestanden werden sollen, denn das Bußsakrament gibt, neben der Verzeihung der Fehler, auch die Gnade, zukünftig in einer besseren Verfassung widerstehen zu können. Die Eheleute nehmen die Gnadenmittel an, die es ihnen ermöglichen, treu zu sein bis in die Intimsphäre ihrer Gedanken.

Gibt es besonders geeignete Mittel, um gegen diese Bilder anzukämpfen?

J. L. Ja, die geistlichen Mittel, zusammen mit der eigenen Vorsicht. Die Praxis der Anbetung vor dem ausgesetzten Allerheiligsten reinigt in beachtlicher Weise unsere Gedankenwelt. Es ist die Reinheit Gottes im Altarsakrament.

Man hat immer Mühe, die verrückt spielende Einbildungskraft, die in alle Sinne dringt, in sich zu bändigen.

J. L. Ja. Und ich glaube, dass Gott die Fähigkeit hat, bis in die Tiefen der Einbildungskraft zu heilen. Das gehört zur Größe Gottes und seiner Liebe. Er heilt uns in der Tiefe unserer Seele und kommt unserer Verwundbarkeit zu Hilfe.

Wir belassen jetzt die Frage nach dem Vergeben, um wieder auf die Frage des Themenkreises zurückzukommen. Autorität ist heute in den Familien und in den Schulen ein unzeitgemäßer Ausdruck geworden. Bei den Gläubigen werden die Verlautbarungen des Lehramtes der Kirche mehr und mehr als ein unpassendes Eindringen in die Privatsphäre aufgefasst. Wie soll man der Überlieferung und den Lehren der Kirche treu bleiben und dabei in der heutigen Welt bleiben, ohne ein Randgruppendasein zu führen?

J. L. Die Frage bezieht sich auf die Perspektive, die man auf das überlieferte Glaubensgut hat. Die Kirche bezieht sich auf das, was ihr von Christus übertragen wurde und was sie durch die Apostel und ihre Nachfolger weitergegeben hat. Wir sprechen von einer lebendigen Tradition. Es handelt sich um einen geheiligten Vorrat, der unaufhörlich bereichert und erklärt wird. In Glaubensdingen ist die Verkündigung eines neuen Dogmas sehr selten. Es kommt aus der Notwendigkeit, dass Wahrheiten, die schon lange im Glauben der ganzen Kirche bekannt vorliegen, auf begreifbare Weise erhellt und dargestellt werden. Ich denke an das Dogma von der Himmelfahrt Mariens im Jahre 1950, das von Pius XII. verkündet wurde. Der Blickwinkel, aus dem man die Tradition betrachtet, ist bestimmend. Wenn wir die Tradition der Kirche seit den ersten Jahrhunderten betrachten, die verschiedenen theologischen Arbeiten, die Vertiefungen im Mittelalter, die dogmatischen Beiträge des Konzils von Trient, der Konzilien Vaticanum I und II, ist man erstaunt über den jeweils neuen Reichtum, während sie auch die Gesamtheit dessen, was vorher beigetragen wurde, mit integriert. Die Überlieferung wird weitergegeben, hört nicht auf, sie selbst zu sein, ist aber gleichzeitig lebendig, breitet sich aus, entfaltet sich und wird größer.

Was ist der Inhalt der Überlieferung? Wir haben schon von den Glaubenswahrheiten, den Dogmen, gesprochen. Es gibt auch Wahrheiten, die sich auf das menschliche Verhalten beziehen in dem, was sie im göttlichen Recht begründet und in dem, was Letzteres ausdrückt, dem Naturrecht.

Die Überlieferung schließt die Zehn Gebote ein wie auch die Lehren von Christus im Evangelium. Die Lehre Christi lässt den Dekalog nicht unwirksam werden. Er führt ihn fort, indem er ihn erfüllt. Christus hebt das Gesetz nicht auf, er erfüllt es. Wenn die Kirche in der Moral heute etwas verkündet, bringt sie nur das Charisma zur Geltung, das ihr als Hüterin der Wahrheit eigen ist aufgrund der Gabe, die ihr verliehen wurde, des unerschütterlichen Beistandes des Heiligen Geistes, den Christus seiner Kirche versprochen hat, dem Petrus und den Aposteln und den Nachfolgern der Apostel. Die Kirche stützt sich auf diese Gewissheit. Als Kirche zweifelt sie nicht. Es gibt einen moralischen Schatz der Lehre der Kirche, der an die Lehre der Offenbarung gebunden ist und zu dem die Kirche Stellung nimmt. In *Humanae Vitae* bezieht sich Paul VI. auf das Naturrecht. Der Grund dafür ist, dass die Kirche die Kompetenz hat, das Naturrecht zu interpretieren und dessen grundlegende Güter. So beinhaltet das Gut des menschlichen Lebens die Frage nach seiner Bewahrung, seinem Schutz und seiner bedingungslosen Verteidigung von Beginn der Empfängnis bis zu seinem natürlichen Ende. Das erklärt, warum die Kirche in diesen Bereichen Positionen bezieht. Sie verwirft kategorisch die Abtreibung. In diesem Bereich greift sie auf, was die *Didache* zu Beginn des 2. Jahrhunderts sagte. Zwischen den Christen und Heiden gibt es offensichtlich keinen Unterschied. Sie haben nichts Besonderes beim Essen und in der Kleidung, sie unterscheiden sich in gar nichts, wohl aber durch das Eine, das sie nicht tun: Sie töten keine Kinder im Mutterschoß. Der Christ tötet kein Kind im Mutterschoß. Ich weise nachdrücklich auf die Tatsache, dass das Naturrecht nicht eine willkürliche disziplinarische Norm ist, die einem eine Vorschrift auferlegt, die auch genauso gut unterlassen werden könnte. Es gibt auch Verhaltensnormen in der Kirche. Sie verfügt auch über ein Recht, denn sie baut eine Gesellschaft auf. Ihre Normen sind der Ausdruck eines geistigen Gutes, das die Kirche zu schützen und zu pflegen versteht. Lassen sie mich hier zusammenfassen: Es scheint, dass das treue Stehen zur Kirche Widersprüche hervorruft, aber das drängt einem trotzdem nicht an den Rand. Im Gegenteil, das gibt einem die Mittel in die Hand, sich besser in der Welt einzurichten.

Hätte die Familie auch ihre Rolle bei der kirchlichen Erneuerung wahrzunehmen? Wie sehen Sie das? Können Sie uns dazu konkrete Beispiele geben?

J. L. Weil die Familie auf der natürlichen und geistigen Ebene lebt, weil sie eine innige Gemeinschaft unterschiedlicher Mitglieder ist und gegründet ist auf der Suche nach einem gemeinsamen Ziel, lehrt sie die ganze Kirche, dass alle Gläubigen dazu berufen sind, diese Werte der christlichen Gemeinschaft zu leben. Das gilt für jeden, für jene, die nicht in einer ehelichen und familiären Bindung stehen, wie auch für die anderen, die um des Himmelreiches willen in einem ehelosen geistlichen Stand sind. Wie jede „Hauskirche" lehrt sie auf klare Weise, dass jede religiöse Gemeinschaft eine echte innerlich gebundene Gemeinschaft ist, wo man betet. In vielen Kongregationen versammeln sich die Mitglieder mehrmals täglich zum Gebet, was den geschwisterlichen Geist begründet und weiterentwickelt. Die Familie ist dafür ein Beispiel. Wenn eine Gemeinschaft von Brüdern, Mönchen, Schwestern unter ihren Mitgliedern nicht eine Beziehung gleicher Güte in der geschwisterlichen Beziehung errichtet wie die sich verstehenden Geschwister einer Familie, kann daraus eine geistliche Familie werden, die die geschwisterliche Liebe nicht lebt. Das wäre ja der Gipfel! Was bedeutet eine Gruppe von Geweihten, die nicht in brüderlicher Eintracht leben? Wozu wäre sie für das Himmelreich nützlich? Das wäre ein Nebeneinander von Personen, wo jeder seine einsamen Wege geht. Aber wenn man ganz allein in der Kirche seiner Wege geht, wer zeigt einem dann die Ansprüche der Barmherzigkeit? Es gibt keine Heiligung in der Kirche, die nicht über die Barmherzigkeit und die Nächstenliebe ginge. Es gibt keine Heiligen, die Größen in der geistlichen Thematik sind, aber dispensiert vom einfachsten Liebesdienst an den Brüdern, befreit von der Stellung des Dieners, von dem wir anfangs gesprochen haben, von der Zuwendung für die anderen, von den Aufgaben der menschlichen und christlichen Solidarität, von der Hilfe für diejenigen, die sie brauchen, vom tätigen Mitempfinden für die anderen. Die Bindungen der Liebe innerhalb einer Familie lehren die Einfachheit in der Beziehung und den Dienst.

Sehen Sie einen Zusammenhang zwischen der Autoritätskrise und der aktuellen Schwäche der politischen Klasse? Wie könnte die Familie ein Frischwasserbecken für die Stadt werden?

J. L. Es ist schwierig, von der politischen Klasse als von einer homogenen Größe zu sprechen. Die politische Klasse enthält eine große Anzahl von Personen, die eine unterschiedliche Verantwortung auf verschiedensten Ebenen übernehmen müssen. Es ist sicher, je mehr das Maß an politischer Verantwortung steigt, umso mehr gibt es eine Ausweitung der Kompetenzen und Aufgaben, die ihre Ausübung komplexer und heikler macht. Es entsteht das Risiko einer Abschwächung der Beziehung zwischen dem politisch Verantwortlichen und dem Bürger. Bei einer großen Anzahl der Politiker liegt ein gewisser Sensus für eine persönliche Verantwortung vor. Ich glaube das ganz fest. Gewisse demokratische Mechanismen jedoch münden manchmal in der Unmöglichkeit für einen Politiker, sein Bestes zu bewirken und eine langfristige fruchtbare Aktion zu entfalten. Ich erinnere besonders an die verflossenen Wahltermine, an die Notwendigkeit, um jeden Preis zu überzeugen, denn es ist die Mehrheit, die über die politische Richtung bestimmen wird. Das geschieht auf Kosten der Inhalte und ihrer Vertiefung. In gewissen Bereichen gibt es keine klare Perspektive, wie die Entscheidungen berücksichtigt werden. Ein typisches Beispiel dafür ist meines Erachtens die der familienpolitischen Maßnahmen und der demografischen Fragen. Kein einziger Politiker wird sich bei einem Programm engagieren, das seine Früchte in fünfundzwanzig Jahren zeigen wird. Es gibt große Probleme, über die man in Kongressen oder Universitäten spricht, die aber nicht zu mutigen politischen Entscheidungen führen, die dann doch auf Ablehnung von Seiten der Bürger und der Verantwortlichen stoßen würden.

Heute gibt es beim politischen Vorgehen eine Art übergroßer Vorsicht. Der Politiker scheint von Wahl zu Wahl überleben zu wollen. Der Überlebenswille scheint sein Energiemotor zu sein. Wie soll die nächste Wahl angegangen werden? Wie soll ein gewisser Punkt dem Bürger klargemacht werden, damit er nicht erschrickt, entmutigt oder verunsichert wird? Wie kann die Lobby überzeugt werden? Wie soll das Spiel der Allianzen gemanagt werden? Wie soll man sich bezüglich der internationalen Organisationen orientieren? Wie soll man in den Medien auftreten? Auf allen Ebenen herrschen relative, sozial bedingte, sehr empfindliche Gleichgewichte in einem System abgestimmten Funktionierens und immer mehr ausgeklügelter Entscheidungen.

Ich habe schon persönlich Politiker ganz laut den Zweifel äußern hören hinsichtlich des Einflusses, den sie auf den Lauf der Dinge haben, besonders bei ganz wichtigen. Heute speichert das politische Tagesgeschäft in seinem Gedächtnis nicht den geschichtlichen Zusammenhang der Argumentationsweisen, den es zur Abstimmung über die Gesetze entwickelt. Wenn über ein Gesetz abgestimmt wird auf der Basis gewisser Argumente, hat man zehn oder fünfzehn Jahre später vollkommen vergessen, was damals über die Abstimmung den Ausschlag gegeben hat. Wir kennen gut diese Fragen bezüglich der Regulierungen, die die Achtung des Lebens berühren (Abtreibung, Euthanasie), der Familie (eingetragene Lebensgemeinschaften, Homo-Paare, Adoption). Gewisse Interessengruppen haben es perfekt verstanden, wie sie Reformen durch immer erneutes Vorpreschen durchsetzen können.

Das ist eine ausgewogene Antwort. Man würde sich wünschen, dass die Politiker sie vor ihrem geistigen Auge hätten!

J. L. Ich habe Achtung vor Menschen, die eine echte Sorge für das Gemeinwohl tragen. Niemand trägt allein die moralische Bürde der Gesellschaft. In die Charta des Politikers müsste man unbedingt hineinschreiben, dass kein Mensch jemals gegen sein Gewissen für ein Gesetz stimmen müsste. Die Parteidisziplin müsste diesen Punkt klar im Bewusstsein haben. Das Abstimmungsverhalten in Parteigruppierungen über gesellschaftliche Probleme scheinen mir für die Freiheit der Politiker wirklich grenzwertig zu sein.

Müsste die Kirche in diesem Bereich nicht danach streben, die Eliten zu schulen?

J. L. Die Antwort ist ein Ja. Sie macht es in bestimmten Ländern, aber bei uns in Europa hat sie ein Problem, es zu machen, seit die allgemeine Bildung sich auf kategorische Weise von ihrem historischen Erbe freischwimmen wollte und alles verbannt hat, was mittelbar und unmittelbar mit der Lehrtätigkeit der Kirche zu tun hat.

Diese Frage stellt sich auf unterschiedliche Weise von Kontinent zu Kontinent. Im abendländischen Europa und besonders in Frankreich gibt es ein ungeschriebenes Gesetz, das Politiker veranlasst, vom Bekenntnis ihres Glaubens Abstand zu nehmen und ihre religiöse Überzeugung oder Ungebundenheit in einem strikt privaten Bereich zu halten. Das wird oft damit gerechtfertigt, indem man theoretische Erwägungen wälzt über die Notwendigkeit, seine bürgerrechtliche Herkunft von der konfessionellen getrennt zu halten. Das ist nicht überall der Fall. Das ist eine Tradition, die man zu Recht einer kritischen Hinterfragung unterziehen kann.

Wenn die Bürger durch ihren Wahlzettel einem Politiker oder einer politischen Partei ihre Zustimmung geben, wäre es gar nicht unnütz für sie zu wissen, welches der philosophische oder religiöse Standpunkt des Menschen ist, den sie sich als Verantwortlichen für das Gemeinwohl vorstellen können. Es ist gar nicht gleichgültig, dass man weiß, ob ein Politiker aus einer mehr rationalistischen Denktradition kommt, ob er Christ ist, Agnostiker oder eine antiklerikale Einstellung hat. Es ist für den Wähler überhaupt nicht gleichgültig, dass er weiß, ob er bei einem seiner Ansicht nach dringenden Problem eine entsprechende Stellungnahme von Seiten des betreffenden Politikers erwarten kann.

Zur Zeit werden schwerwiegende gesellschaftliche Probleme diskutiert im Bereich der Bioethik, des Familienmodells, der Erziehung, der Auffassung der Beziehungen zwischen Personen, der Rechte der Frau, eine ganze Fülle von wichtigen Fragen für die Menschen. Es wäre also gar nicht überflüssig, dass jemand den Mann oder die Frau besser kennen würde, denen er vielleicht seine Stimme geben würde. Das strikte Vorgehen bei der

Trennung ist typisch französisch. Sehr oft hört man die Politiker sagen: Ich bin gläubig, aber ich lasse meinen Glauben unter den Tisch fallen, wenn ich in der öffentlichen Debatte bin. Ich brauche meinen Glauben nicht zu berücksichtigen, wenn ich eine politische Entscheidung treffe. Dahinter verbirgt sich die Vorstellung, dass der christliche Glaube, der Glaube der Kirche, in einer Tradition, wo die Kirche präsent ist, nur eine Meinung unter anderen ist.

Es liegt auf der Hand, dass der Christ, der das denkt und auch bestätigt, in Wirklichkeit nicht vom wirklichen Grund seines Glaubens überzeugt ist, weil er ihm die Kraft der Inspiration seiner politischen Tätigkeit nicht zuschreibt. In anderen Ländern gibt es jedoch davon unterschiedliche Traditionen: Die Menschen bekennen sich als Christen oder Nichtchristen. Die Menschen wählen zunächst nach ihren Fähigkeiten, nach ihren Kompetenzen, aber sie wollen wissen, was ihre Positionen in dem einen oder anderen Sinne beeinflusst. Das ist der Fall in den Vereinigten Staaten und den angelsächsischen Ländern, ebenso auch in mehreren Ländern Lateinamerikas, genauso in Asien. Der Fakt, einem religiösen Bekenntnis anzugehören, ist kein Tabu.

Offensichtlich ist man bemüht, sich vor jeglicher Manipulation durch den Glauben zu schützen, aber das ist doch eine Behinderung, seine Überlegungen über das Gemeinwohl in kapitalem Ausmaß zu amputieren angesichts der Tatsache, dass die Ausübung der Religion auch eine wichtige soziale Arbeit leistet. Der eigentliche Bereich einer religiösen Überlieferung ist, sich mit Gott zu beschäftigen, aber auch mit den Menschen und ihrem Wohl. Und der Eigenbereich einer politischen Tätigkeit ist ebenfalls, sich mit dem Gemeinwohl der Menschen zu beschäftigen.

Der treue Gott ist geduldig: Wenn Gott ihren Weg verengt, dann führt er sie mit größerer Zärtlichkeit und Fürsorge: „Vor dem Herrn ist ein Tag wie tausend Jahre und tausend Jahre wie ein Tag. Der Herr zögert nicht mit der Erfüllung seiner Verheißung, er ist nur geduldig mit euch, weil er nicht will, dass jemand zugrunde geht, sondern dass alle sich bekehren" (2 Petr 3,8–9). *Könnten Sie dieses Kapitel über die Autorität beschließen, indem Sie uns den Bezug zeigen, der Autorität, Gehorsam in Liebe und somit in Freiheit mit der Zeit verbindet?*

J. L. Ich glaube, man muss von einer Überlegung über die Zeit ausgehen. All das, wovon wir gesprochen haben, spielt sich in der Zeit ab. Die Zeit ist Gegenstand einer menschlichen Aufnahmefähigkeit, die darin besteht, dass die Dinge in ihrem Nacheinander gesehen werden. Das ist dem Menschen ganz eigen. Er hat eine Intelligenz und ein Bewusstsein seiner selbst, das sich gemäß den Einteilungen der Zeit strukturiert: die Vergangenheit, die Zukunft und die Gegenwart. Vom philosophischen Standpunkt aus gibt es einen Unterschied zwischen der Vergangenheit und der Gegenwart, zwischen der Zukunft und der Gegenwart. Die Gegenwart ist der einzige Zeitraum, in dem der Mensch agieren kann. Die Zukunft ist ihm nicht zu eigen, auch wenn er einige Elemente vorwegnehmen kann. Was die Vergangenheit betrifft: Sie ist nicht mehr da. Man kann keinen Einfluss mehr auf sie ausüben. Man kann auf das Gedächtnis an die Vergangenheit einwirken, darin eingeschlossen auch die Verformung, aber man kann nicht auf die vergangene Zeit einwirken in dem Sinne, den wir angegeben haben.

Wenn Sie also die Zeit mit der Frage nach der Freiheit verbinden wollen, wie Sie es in Ihrer Frage tun, muss man von der Zeit den einzigen Teil nehmen, der mit der menschlichen Freiheit in Bezug steht, nämlich der Gegenwart. Sicher, die Zukunft kommt auch indirekt ins Spiel durch die Tatsache, dass die jetzt getroffenen Entscheidungen und Maßnahmen ohne Zweifel für die Zukunft Auswirkungen haben. Der Status der menschlichen Freiheit kann sich nur im Hinblick auf den gegenwärtigen Moment einschätzen lassen. Die Freiheit einer Person kann nur in der Gegenwart ausgeübt werden. Das ist sehr wichtig.

Aber wenn der Mensch eine gewisse Wahrnehmung der Zeit erwirbt, kann er nicht im gleichen Denken begreifen, was die Zeit für Gott sein könnte. Die Zeit existiert für Gott nicht, insofern Gott ewig ist. Er umfasst die Totalität der Zeit. Er hat nicht angefangen zu existieren und er wird nicht aufhören zu existieren. Das ist all das, was uns als Zeit erscheint, die für Gott ein einziger „Moment“ ist. Wenn man das sagt, sagt man eine metaphysische Wahrheit, aber das heißt nicht, dass man sie begriffen hätte! Wir können keine sinnliche Wahrnehmung haben, was die erlebte Zeit Gottes ist, wenn ich es einmal so sage, denn wir sehen nicht, was das besagen will: von Gott erlebt. Was man weiß, ist, dass Gott gegenwärtig ist in jedem Moment der Geschichte, die er mit seiner ganzen Macht umfasst. Gott ist von einem Nacheinander der Augenblicke nicht abhängig, wie das im Fall von uns Geschöpfen ist. Da jedoch Gott die Kreaturen erschaffen hat, kennt er auch ihre Zuständigkeiten. Er kennt auch das, was die Abfolge in der Zeit ist für den von ihm geschaffenen Menschen. Das Walten Gottes offenbart sich dem Menschen notwendigerweise in einer Abfolge in der Zeit. Was uns wie eine Verzögerung erscheint, ist verbunden mit einer erzieherischen Absicht Gottes. Wir können also nicht in einem einzigen Augenblick das Ganze der Logik der Taten oder des Geschehenlassens von Gott haben, was alles in ihm uns als Tätigkeit oder Geschehenlassen erscheint. Das lässt die manchmal heftige Frage, die wir Gott stellen können, weder unnütz noch unerlaubt erscheinen. Sie demonstriert ein Flehen, ein Gebet, eine Bitte um Einsicht jenseits des gegenwärtigen Augenblickes.

Wenn der Christ betet und um die Erleuchtung durch Gottes Geist bittet, tritt er in eine andere, durchdringendere, aber auch beruhigendere Einsichtsweise über das, was eine Folge von vergangenen Ereignissen sein konnte. Er kann eine Art von sinnvollem Zusammenpassen, von vorsehungsmäßigem Zusammenhang sehen in der Abfolge der verschiedenen Ereignisse, die er in seinem Dasein durchmachte. Auf diese Weise kann er mehr und mehr Vertrauen in Gott haben, der der wahre Meister der Geschichte ist. Er ist Sieger und sein Sieg ist gegenwärtig trotz des Bösen, das in der Welt ist. Das sind keine Spekulationen. Das ist das, was wir von Gott wissen und das uns geoffenbart wurde in den Geheimnissen seines göttlichen Lebens, das der Heilige Geist uns mitteilt.

Wir können uns eine kleine Vorstellung davon machen, indem wir uns Gedanken machen über gewisse Handlungen, die wir vollziehen und die ihren ganzen Sinn verlieren würden, wenn das, was gesagt wurde, falsch wäre. Das sind die liturgischen Handlungen. Das sind nicht nur Handlungen im Gedenken, sondern Handlungen, die gegenwärtig setzen, was sich ereignet hat. Bei der Zelebration der Eucharistie wird ein Ereignis zelebriert, an das erinnert wird, und gleichzeitig wird die gegenwärtige Kraft und die Fruchtbarkeit für die Zukunft verkündet, nämlich die Erwartung des ewigen Lebens. „Wir feiern deinen Tod, Herr Jesus, wir verkünden deine Auferstehung, wir hoffen auf deine Wiederkunft in Herrlichkeit." Man muss verstehen, dass wir seine Auferstehung jetzt verkünden. Wir werden Zeitgenossen der Auferstehung, die vor zweitausend Jahren sich ereignet hat. Es ist wie eine Aufhebung der Zeit, die bewirkt, dass in der liturgischen Handlung wir wie Zeitzeugen sind am Geschehen, das Gott uns erlaubt, mit ihm zu erleben. Im Glauben sind wir dabei. Der Glaube bewirkt, dass wir der Gegenwart Gottes, dem gegenwärtigen Gott, gehören.

Auf diese Weise können sich Zeit und Freiheit für einen Christen verbinden. Er ist sich der Grenzen seiner Natur bewusst, die nur die Abfolge der Momente sieht. Aber sein Glaube vermittelt ihm die Eingebung, dass es mit Gott einen Augenblick gibt, der die Totalität der Zeit umfasst und das, was uns entgleitet, aber dass dieser Augenblick in der ganzen Menschheitsgeschichte sich immer wieder eingepasst hat. Er hat sich geoffenbart in der Geschichte des auserwählten Volkes, in den Mysterien der Menschwerdung und der Erlösung durch das Geschenk des Heiligen Geistes und die Geistesgaben, die er in seiner Kirche gestiftet hat. All das können wir nur in einem Nacheinander aufnehmen, aber in der liturgischen Handlung werden wir zu Zeitgenossen eines historischen Ereignisses, das wirklich stattgefunden hat. Die Passion und die Auferstehung Christi werden uns gegenwärtig gesetzt. Der Mensch entdeckt das Geheimnis der Zeit, die er mit der Ewigkeit Gottes vereinen kann, denn er sieht wohl, dass die Ewigkeit die Zeit überschreitet und ihr den letzten Sinn gibt.

VI.

Die Hohe Schule der Liebenden und die solidarische Verbundenheit der Generationen

> *„Der Herr ist gütig, ewig währt seine Huld, von Geschlecht zu Geschlecht seine Treue" (Ps 100,5).*
> *„Der Herr ist ein barmherziger und gnädiger Gott, langmütig, reich an Huld und Treue, er bewahrt Tausenden von Generationen seine Treue" (Ex 34,6).*

P. und V. S. Unsere Gesellschaft tendiert hin zur Zersplitterung und Vereinzelung. Der Anteil der allein lebenden Menschen wird immer bedeutsamer. Die christliche Liebe, deren Schmelztiegel die christliche Familie sein will, ist auch den Nichtverheirateten vollwertig angeboten. Was hat die Kirche den Nichtverheirateten zu sagen?

J. L. Wir stoßen hier wieder auf die Frage nach der Berufung. Ich glaube, dass die Frage der Nichtverheirateten teilweise aus der Schwierigkeit kommt, an den nicht gewählten Stand der Unverheirateten zu denken, während jedoch die beiden Stände der Ehe und der geweihten Jungfräulichkeit als Antwort auf die Liebe Gottes beleuchtet wurden. Und unverheiratet zu sein, das wäre kein Lebensstand? Meine Art, diese Frage anzugehen, ist folgende: Man sieht zu oft die Frage nach einem Lebensstand als eine persönliche Entscheidung an. Bei einem Stand überprüft man, was die Wahl und die Antwort auf einen Anruf ist. Gott ruft auf vielfältige Weise. Bei der ehelichen Liebe trifft ein Mann auf eine Frau, die er kennenlernt und annimmt als seine Gefährtin für sein ganzes Leben. Das ist ein Weg, durch den Gott zur ehelichen Liebe berufen kann. Das ist eine konkrete Erfahrung. Ähnlich verhält es sich bei der gottgeweihten Ehelosigkeit. Diese Sicht, die allzu ausschließlich auf die persönliche Wahl fixiert wird, anstatt sich nach der Wahl, die Gott getroffen hat, auszurichten, verführt zur Uneinsichtigkeit der ertragenen, eher erlittenen Ehelosigkeit. Denn der Ehelose kann sagen: Ich habe nie die Chance gehabt, ein Mädchen zu finden, von dem ich hätte annehmen können, dass es meine Ehefrau würde für ein ganzes Leben. Und bis auf Weiteres hat mir der Herr nicht zu verstehen gegeben, dass er mich zum gottgeweihten Leben, zum Ordensstand oder zum Priestertum berufen hat. Eine unverheiratete, nicht geweihte Person ist dennoch andauernd zur Heiligkeit berufen. Es gibt auch eine Heiligkeit, die sich auf andere Weise entfalten kann als durch das sichtbare Geschenk an die Kirche im geweihten Leben oder durch die Bildung einer Familie.

Ich selbst denke nicht, dass der ehelose Stand von vornherein ein verfehltes Leben sei, weder in spiritueller noch in psychologischer Hinsicht. Das ist meine Überzeugung. Aber die ertragene, besser gesagt, die nicht bewusst gewählte Ehelosigkeit kann tatsächlich ein Hindernis sein für die wesentlichen Fragen. Dann vergehen die Jahre, und die Frage nach dem Sinn, den man seinem eigenen Leben gibt, wird nicht gestellt. Wenn man sich hingegen die Frage stellt, kann man durchaus sehen, dass ein eheloses Leben ein erfülltes Leben auf andere Art und Weise sein kann. Sie können Menschen begegnen, die ein eheloses Leben gewählt haben wegen einer Aufgabe, die sie zu erfüllen glauben. Sogar im profanen Leben gibt es gewisse Menschen, die ihr Leben ganz in der Kunst, in einer großen Aufgabe oder der Wissenschaft aufgehen lassen. Kein Eheloser ist von vornherein von der Liebe in all ihren Formen ausgeschlossen, die nicht der Weihe oder der Ehe eigen sind. Das Geschenk seiner selbst, der Dienst, das tätige Mitempfinden, das soziale Engagement, das Leben in speziellen Gemeinschaften und viele andere Tätigkeiten bieten eine große Anzahl von Möglichkeiten, sich einzubringen. Es gibt auch derart fordernde Dienste, dass sie ein Leben in der Ehe ausschließen.

Das Problem der Ehelosigkeit wider Willen könnte angegangen werden von der freien Wahl Gottes, der jemanden zur Ehe berufen kann oder zum ehelosen Leben im Zölibat, der aber auch zu einem nicht speziellen Stand berufen kann. Dennoch: Die Berufung zur Heiligkeit und zur Liebe gilt für jeden, für jeden Getauften. Man muss das bedenken, um den leidenden Menschen zu helfen. Es gibt in der Ehelosigkeit einen schwierigen Bereich der affektiven Einsamkeit. Es ist misslich, alleine die Schwierigkeiten des Lebens anzugehen. Niemand steht im Abseits, wenn er die Wahl aus Gottes Hand trifft.

Könnten wir jetzt auf die Sache mit den Geschiedenen kommen? Die Kirche lehrt uns, die verschiedenen Fälle gut zu unterscheiden: „Die Hirten müssen wissen, dass sie aus Liebe zur Wahrheit die Verpflichtung haben, die verschiedenen Situationen genau zu unterscheiden. Es gibt in der Tat einen Unterschied zwischen denjenigen, die sich aufrichtig bemüht haben, eine erste Ehe zu retten und zu Unrecht verlassen wurden, und denjenigen, die durch einen schwerwiegenden Fehler eine kirchenrechtlich gültige Ehe zerstört haben. Und schließlich gibt es den Fall derjenigen, die eine zweite Verbindung eingegangen sind im Hinblick auf die Erziehung ihrer Kinder (…) Alle sollen in großer barmherziger Liebe so handeln, dass die Geschiedenen sich als nicht getrennt von der Kirche fühlen, denn als Getaufte können sie, ja, sollen sie an ihrem Leben teilnehmen“ (Synode über die Familie, 1980).

J. L. Seit etwa zwei Jahrzehnten wird die Frage der wiederverheirateten Geschiedenen äußerst scharf in der Kirche diskutiert. Diese Frage ist Gegenstand sehr zahlreicher Veröffentlichungen. Viele verlangen eine Änderung der kirchlichen Verordnungen bezüglich des Kommunionempfangs. Man vergisst häufig, dass die Kirche nicht zunächst zu einer Maßnahme der Disziplinierung greift. Sie nimmt einfach nur zur Kenntnis, was eine sakramentale Ehe ist, nämlich ein Bündnis der Eheleute mit der Gegenwart Christi, der mit beiden Eheleuten ein Bündnis geschlossen hat. Die Eucharistie ist ebenfalls ein Bündnis Christi mit den Getauften und im Besonderen mit den Eheleuten beim Kommunionempfang. Es gibt einen geistigen und tief realen inneren Bezug zwischen dem Sakrament der Eucharistie und dem Sakrament der Ehe, wie wir schon gelegentlich erörtert haben.

Aus theologischer Sicht stellt sich die Frage folgendermaßen: Hat die Kirche die Möglichkeit, all die Menschen zur Kommunion zuzulassen, die in einer zweiten, dritten oder vierten Verbindung leben, und gleichzeitig zu sagen, dass die Ehe unauflöslich ist und dass das Wesen ihrer Unauflöslichkeit in der Tatsache begründet ist, dass Christus an diesem Ehebündnis teilhat? Wie soll Christus geteilt werden? Darum dreht sich die Frage. Wie soll das geschehen, dass Christus am Wert und der Gültigkeit einer ersten Verbindung festhält und von der er nicht zurückgeht, wenn sie gültig geschlossen wurde – ich halte an diesem Punkt genau fest, denn das ist nicht immer der Fall –, und wie soll gleichzeitig dieser Christus als Ganzer im eucharistischen Bündnis empfangen werden? Das ist zunächst nicht eine moralische Frage. Es geht darum, sich des Eigentlichen der Eucharistie bewusst zu werden und was beim Kommunionempfang damit eingeschlossen ist.

Aber es gibt bei den wiederverheirateten Geschiedenen ein Gefühl der ungerechten Behandlung. Bei der Sonntagsmesse sind die wiederverheirateten Geschiedenen die Einzigen, die nicht zur Kommunion gehen. Alle anderen Gläubigen gehen zur Kommunion, wie auch immer ihr Seelenzustand sei. Wenn ich vorhin gesagt habe, dass diese Frage sich sehr scharf schon seit etwa zwanzig Jahren stellt, wollte ich ausdrücken, dass diese Frage schon vorher existierte, aber niemand hatte daraus ein theologisches, moralisches oder spirituelles Problem gemacht. Es verstand sich von selbst, dass man nach einer Scheidung, wenn man nicht alleine bleiben konnte und zivil wieder verheiratet war, nicht zum Kommunionempfang ging. Aber man war dann nicht der Einzige! Vor einigen Jahrzehnten gingen die an der Eucharistie teilnehmenden Gläubigen nur dann zur Kommunion, wenn sie glaubten, in der geistlichen Verfassung zu sein, es auch tun zu können. Ein wiederverheirateter Geschiedener befand sich unter denjenigen, die nicht zur Kommunion gingen. Heute sind sie die Einzigen! Da steckt der Kern der Ungerechtigkeit! Sie kommt wohlgemerkt nicht von der Ordnung der Kirche. Die Ungerechtigkeit kommt daher, dass ein großer Teil der Getauften es für gleichgültig hält, den Leib Christi zu empfangen in einem seelischen Zustand, der es notwendig hätte, eine sakramentale Reinigung vorzunehmen. Es gibt Leute, die ein oder zwei Jahre lang nicht zur Beichte gegangen sind und zum Kommunionempfang gehen! Die Ungerechtigkeit liegt im Mangel an der Achtung, an der Liebe und an der Verehrung des Altarsakramentes. Ein wiederverheirateter Geschiedener, der tief darunter leidet, nicht zur Kommunion zugelassen zu sein, zeigt eine viel größere Liebe zum Leib Christi als diejenigen, die sich an eine laxe Kommunionpraxis gewöhnt haben.

Ich möchte noch anmerken, dass es doch seltsam ist, dass in der Zeit, wo der allgemein übliche Zutritt zur Kommunion sich entwickelt hat, man aufgehört hat, öffentlich Zeugnis abzulegen für das Allerheiligste, indem man während vieler Jahre die Praxis der eucharistischen Anbetung unterdrückt hat. Bei der Anbetung stellt sich das Bewusstsein der eigenen Unwürdigkeit ein! Ich kenne Menschen, die mir eingestanden haben, dass sie vom Kommunionempfang ferngeblieben sind, nachdem sie eine längere Zeit vor dem Allerheiligsten Anbetung gehalten haben, denn sie hatten das Bedürfnis verspürt, zuerst das Bußsakrament zu empfangen. Als Priester bin ich mehrmals Zeuge davon gewesen. Je weniger man Gottes Majestät in der Einfachheit des Altarsakramentes verehrt, umso mehr hält man es für normal, ohne Vorbereitung zum Kommunionempfang zu gehen.

Aber dennoch ist es der wirkliche Christus, den wir bei der Kommunion empfangen.

Erlauben Sie mir, noch etwas weiter auszuholen. Ich habe Wege der Heiligkeit bei den wiederverheirateten Geschiedenen gesehen, die, obwohl sie anfangs ohne Verständnis für das Weisungsrecht der Kirche waren, sich bemüht haben, es zu praktizieren. Obwohl sie nicht zur Kommunion gingen, kamen sie weiterhin regelmäßig zur Eucharistiefeier, um miteinander zu beten und sich darüber hinaus im kirchlichen Dienst zu engagieren. Sie haben dabei eine reife Sensibilität und eine tiefe Achtung vor der Eucharistie erworben, sodass sie einen wirklichen Weg der Heiligung gegangen sind. Was ich hier sage, mag übertrieben klingen. Aber jenseits aller Polemik – wir wollen doch anerkennen, dass das Leiden der wiederverheirateten Geschiedenen uns zum Nachdenken bringen müsste, in welcher Art wir gewöhnlich zum Tisch des Herrn gehen.

Die Synode über die Familie von 1980, aus der das postsynodale Schreiben Familiaris Consortio hervorging, entwickelt ausführlich die Unterscheidung zwischen eucharistischer und geistlicher Kommunion. Die wiederverheirateten Geschiedenen sind nachdrücklich durch die geistliche Kommunion eingeladen, am Opfer Christi in der Eucharistie teilzunehmen, ebenso zu allen Feiern des christlichen Lebens. Die eucharistische Kommunion in Gestalt von Leib und Blut Jesu Christi erklärt, übersetzt und drückt diese geistliche Kommunion aus, das heißt die enge Verbindung des Gläubigen mit dem Mysterium der Erlösung, das bei der heiligen Messe gefeiert wird. Die geistliche und die eucharistische Kommunion wurden oft verwechselt, da man irrigerweise angenommen hat, dass derjenige, der nicht die Möglichkeit hat, zur Kommunion zu gehen, außerhalb der Kirche ist, außerhalb der Gemeinschaft der Kirche. Eine solche Interpretation ist unbegründet. Es gibt keinen Zugang zur eucharistischen Kommunion während der Zeit, in der objektiv ein Zustand der Unvereinbarkeit andauert. Aber das bedeutet überhaupt nicht ein Wegbleiben von der geistlichen Kommunion bei der Feier, noch eine wirkliche Zugehörigkeit zur Kirche.

Es gibt tatsächlich ein Fokussieren auf die Nichtzulassung zur Kommunion, ohne dass man sich andere Aspekte und andere Reichtümer des christlichen Lebens bewusst macht.

J. L. Wenn die wiederverheirateten Geschiedenen keinen Zugang zum

Kommunionempfang haben, fühlen sie sich ausgeschlossen. Leider ist jedoch in zahlreichen Fällen eine erste Verbindung schlecht ausgegangen. Manchmal gibt es auch Zweifel über die Gültigkeit des Ehesakramentes, es fehlen aber Grundlagen, die eine mögliche Ungültigkeit beweisen könnten. Und zahlreiche Dinge werden in die neue Lage der zweiten Bindung hinübergenommen. Man überdenkt nicht genug alles, was das Leiden der Menschen in diesen besonderen Situationen verursacht. Diejenigen, die sich aus innerer Einstellung daran gehalten haben, nicht zur Kommunion hinzuzutreten, geben ein echtes Zeugnis der Liebe zur Kirche, das manche dazu bringt, sich geistlichen Familiengruppen oder Gemeinschaften anzuschließen, um denjenigen zu helfen, die in der gleichen Situation sind.

Haben Sie sich um wiederverheiratete Geschiedene gekümmert?

J. L. Ja. Mehrmals. Ich hatte auch die Gelegenheit, wiederverheiratete Geschiedene zu begleiten. Ich habe dabei auch einzigartige Fälle kennen gelernt. Ich erinnere mich besonders an ein Paar. Sie hatten jahrelang kommuniziert, weil ein Priester beide auf leichtfertige Art sie dazu ermuntert hat. Nach einiger Zeit haben sie gemerkt, dass das Kommunizieren ihnen nicht die erhoffte Freude bereitet. Sie haben sich dann die Frage gestellt, um den Grund zu erkennen, und sie haben verstanden, dass sie nie den geistigen Aufbruch gewagt hatten, sich da hineinzufinden, was die Kirche von ihnen verlangt, trotz mehrerer Meinungen, die ihnen mitgeteilt wurden. Das gemeinsame Gebet hat sie bewogen, sich für ein Leben miteinander wie Bruder und Schwester zu führen. Das wurde der Weg auch zurück zur Kommunion. Sie hatten in einer geistlichen Bewegung von Erwachsenen mitgearbeitet, sie beteten und gingen jeden Sonntag zur heiligen Messe. Es gibt eine gewisse Anzahl ähnlicher Fälle, über die nicht gesprochen wird.

In unserer Kindheit, sogar noch in der Jugendzeit, blieben tatsächlich viele Gläubige während der Kommunion auf ihren Plätzen.

J. L. Ja. Wenn man lange Zeit nicht gebeichtet hatte, blieb man der Kommunion fern und man griff deswegen trotzdem nicht die Sakramentenordnung der Kirche an!

Wir sind alle aus Familien hervorgegangen. Mit unseren Kindern erleben wir die Erziehung, die wir von unseren Eltern bekommen haben, noch einmal, dabei auch den Bereich des Glaubens, der in der Familie und durch die Familie weiter gegeben wird. Hier ein Zitat von Karol Wojtyla:

> „Wir sind für unsere Kinder
> eine Schwelle, schwer zu überschreiten;
> wie sehne ich mich danach, dass sie eintreten in das Haus
> ihrer Seelen.
> ohne zu straucheln!
> Unser Leben in ihnen ist lang,
> sie erscheinen uns wie nicht betretbares Feld,
> wenn sie heranwachsen,
> aber sie sind schon geprägt von uns.
> Selbst wenn sie ihre Türe verschließen,
> sind wir schon bei ihnen.
> Ihr Leben – wie schrecklich, das zu merken –
> ist das wahrhaftige Maß unseres Werkes
> und unseres Leidens
> (wie kann man anders sprechen von der Liebe im Vergangenen?)."

J. L. In tiefgreifender und poetischer Weise zeigt dieser Auszug aus dem „Laden des Goldschmieds", dass es keine Erziehung ohne Leiden gibt. Der Preis für die Weitergabe des Lebens und die Fruchtbarkeit ist das Leiden des Liebenden. Das gilt sowohl für Eltern als auch für Erzieher. Je größer das Kind wird, umso mehr scheint seine Freiheit es auf ganz ferne, eigene Wege zu führen, wo es vielleicht sich dem Bezug zum Elternhaus entzieht. Man weiß, dass man etwas gesät hat, aber die Saat sieht man nicht unbedingt aufgehen. Diese Frage lässt ein wenig schmerzlich an die Weitergabe des Glaubens denken, nicht nur an die der menschlichen Werte, sondern auch an den Glauben. Das Leiden von Eltern, die den christlichen Glauben Kindern weitergegeben haben, die dann abständig geworden sind und ihn manchmal bekämpft haben bis hin zu absurden Lebensweisen, ist ein weit verbreitetes Leiden. Diese Eltern erleben eine besondere Prüfung, in der sie nicht wahrnehmen, dass sie etwas gesät haben. In diesem Zusammenhang hat der Text aus dem „Laden des Goldschmieds" einen starken existenziellen Gehalt, der ihn zu einem tief bewegenden Text macht.

Aber oft ziehen uns die Kinder weit, sehr weit ins Leben hinein. Welcher Vater oder welche Mutter wird nicht zugestehen, dass die Kinder auf gewisse Weise die Erziehung der Eltern vervollständigt haben? Könnten Sie uns etwas über die Erziehung der Eltern durch die Kinder sagen und dabei auch auf den Bereich des ehelichen Lebens eingehen?

J. L. Wenn die Kinder größer werden und sie ihre Eigenständigkeit wahrnehmen, werden sie ihr Dasein auf eine Weise gestalten, die gemeinsame Züge mit dem hat, was sie zu Hause erlebt haben, die aber auch in manchen Bereichen unterschiedlich ist. In diesem Bereich werden die Kinder sich nicht notwendigerweise von einem gelungenen Modell entfernen oder es weniger gutmachen, denn das kann ins Gegenteil übergehen. Sie bringen etwas fertig, das die Eltern nicht zu Stande brachten. Erziehen bedeutet, einem Kind oder Jugendlichen die Mittel für seine zukünftige Freiheit und Selbstständigkeit zu geben. Das ist übrigens nicht auf den familiären Bereich begrenzt, sondern gilt auch für den Lehrer oder geistlichen Leiter. Wenn die Kinder selbstständig werden, freuen sich die Eltern, selbst wenn sie sich manchmal ein wenig überflüssig vorkommen. Es kommt hinzu, dass die Kinder in dem Moment selbstständig werden, wenn die Eltern mit ihrer beruflichen Arbeit aufhören. Es ist ein Losreißen, eine Art Loslösen, was die Eltern durchmachen bezüglich dessen, was sie getan und gelehrt haben. Das Kind lässt auf seine Weise die Geschenke, die es erhalten hat, Frucht bringen. Das beginnt mit dem beruflichen Fortkommen, das nicht notwendigerweise mit dem übereinstimmt, wovon die Eltern geträumt haben. Das Geschenk einer Erziehung braucht nicht zum Ursprung in Form einer Kopie zurückkommen, die dem entspricht, was die Eltern tun konnten. Wenn die Eltern das verstanden und akzeptiert haben, lernen sie viel von ihren Kindern und treten in eine neue Beziehung mit ihnen.

Und man geht gleichzeitig vor und zurück. Man lässt sich führen von einem hilfreichen Großvater, der nicht mehr da ist, noch bevor wir mit ihm alles teilen konnten, was wir im Herzen hatten. Der Status, der vielen alten Menschen in unserer Gesellschaft eingeräumt ist, ist ein totgeschwiegener Skandal. Wie kann man Familie und Aufnehmen alter Menschen vereinbaren, die immer zahlreicher werden und an den Rand der Gesellschaft gedrängt werden?

J. L. Die Anwesenheit alter Menschen in den Familien ist erst seit heute ein Problem geworden. Bis vor Kurzem hatten alle Familien in ihrer Mitte ein oder zwei alte Menschen. Sie lebten nicht notwendigerweise im Haus ihrer Kinder oder Enkel, aber sie kamen oft und blieben mehrere Wochen. Es war eine natürliche Familienhaftigkeit zwischen den Generationen, zwischen Großeltern und Enkeln. Wenn heute der Anteil der alten Leute immer größer wird, hat das nicht nur seine Ursache in der längeren Lebenserwartung, sondern weil der Anteil der Jungen, die da sein müssten, abnimmt. Das Gleichgewicht wird ein Ungleichgewicht. Das ist etwas Neues. In der Demografie nennt man das den Alterungsprozess der Bevölkerung. Bei den europäischen Völkern ist der Alterungsprozess am gravierendsten. Die Familie ist mit einem Kind auf den kleinsten Status gebracht. Man erträgt die Anwesenheit einer alten Person nicht. Verbannt in eine Randexistenz neben der Familie, scheinen sie eine Bevölkerung neben der Bevölkerung zu bilden. Im Übrigen haben die Wirtschaft, die Touristik, der Markt und die Finanzen sich auf diese Wirklichkeit eingependelt. Man spricht von einem dritten Alter, von einem vierten Alter, mit Sondertarifen, mit besonderem Service, als ob die alten Menschen eine homogene Gruppe bilden würden. Was in diesem Zusammenhang homogen ist, ist ihre Verlassenheit, ihre Entfernung von der Quelle der Familie, die sie gegründet haben! Man muss doch genau sehen, dass das ein Phänomen unserer Kultur ist und das – Gott sei Dank – nicht in allen Kulturen so existiert.

Man muss doch sehen, dass diese Tendenz der Klassifizierung der Menschen in Altersgruppen immer allgemeiner wird. Man spricht von Jungen, von Erwachsenen und Alten. Die Absonderung der Jungen in eine abständige Gruppe, schön isoliert, verschärft den Schnitt zwischen den Generationen. Sie erinnern sich an die Hitzewelle neulich in Frankreich und an die Todesfälle zahlreicher alter Menschen, die sie verursacht hat. Man hat bei dieser Gelegenheit entdeckt, dass diese Menschen nicht in ihrer Familie gelebt haben. Das war ein beschämendes Ereignis für Frankreich und eine Demütigung für unser Land. Dieses dramatische Vorkommnis legte ihre große Einsamkeit bloß und gleichzeitig die Unfähigkeit unserer Gesellschaft, da Abhilfe zu schaffen.

Um abzurunden: Wir wissen, dass die Erfahrung Ihnen viel bedeutet. Sie bringt das Beispielhafte ins Spiel. Das Beispiel ist immer die wirksamste Unterweisung. Ich hätte gerne, dass wir zum Schluss über die Heiligkeit sprechen und dabei einige heilige Gestalten vorstellen, zum Beispiel Ehepaare, die nach ihrem Glauben und ihrem Ehesakrament gelebt haben, ihre Kinder bekommen haben und sie erzogen haben unter den Augen Gottes. Die Christen brauchen Modelle, Heilige, die sie ermutigen, die sie nach oben ziehen. Haben Sie Beispiele für die Familien?

J. L. Die Heiligkeit ist fruchtbar und sie ist anziehend. Sie ist fruchtbar durch die übernatürlichen Früchte der Gnade. Aber warum ist sie anziehend? Die echte Heiligkeit kann nicht traurig sein. Sie ist fröhlich und zeigt immer eine tiefe Übereinstimmung zwischen den heiligen Menschen und der Schöpfungsordnung, der Weltordnung und mit Gott, der Quelle alles Geschaffenen. Ein heiliger Mensch birgt in sich eine gewisse Anzahl von Tugenden, Werten, Charismen, ganz eigenen Gnaden, die nichts Abstraktes sind, sondern leibhaftige Werte werden, lebendige Werte, die Ausdrucksweisen der Heiligkeit. Jeder Heilige hat der Familie etwas zu sagen.

Man braucht sich nur klar zu machen, dass der Heilige Geist keinen großen Einfallsreichtum braucht, um die Gnaden der Heiligkeit bei den Menschen zu erschaffen. Die Heiligkeit zeigt sich von Mensch zu Mensch in sehr verschiedenen Formen. Es kommt sogar vor, dass diese Heiligkeit verborgen sein kann. Es ist nicht selten, dass man bei einem heiligen Menschen eine offensichtlich große Unzulänglichkeit vorliegt, die diesen Menschen nach den Maßstäben der Schönheitsvorstellung der Medien oder gemessen am sozialen Aufstieg wenig entsprechen lassen. Wie würden wir die Heiligkeit eines Benoît Labbre ertragen, der die Straßen Europas ablief und ganz so aussah wie ein heutiger Obdachloser? Aber dieser Mensch war im dauernden Zwiegespräch mit Gott, und er liebte. Die Heiligen überraschen. Je mehr sie sich dem Heiligen Geist öffnen, umso überraschender sind sie. Ein Heiliger langweilt nie, aber er stört dadurch, was er ist. Er ist ein lebendiger Vorwurf für die, die in der Lauheit leben. Der Heilige ist eine paradoxe Figur in seiner Lebensweise, die sich dem heiklen Verhältnis zu den weltlichen Werten verschrieben hat. In ihm ist kein Platz für die Schmeicheleien des äußeren Scheins. Manche sind große Originale wie der heilige Philipp Neri.

Es gibt auch eine gewöhnliche Heiligkeit. Manchmal sagt jemand zu einem: „Seit ich Sie kenne, bete ich für Sie, und das schon seit vierzig Jahren." Man sieht jetzt im Zusammenhang mit dem Gebet dieses demütigen Menschen die geernteten Früchte in seinem Leben: die Freuden, die einem gegeben werden konnten, und die Irrtümer, die man vermeiden konnte; all dies entdeckt man plötzlich. Es gibt Menschen, die uns noch nie interessiert haben und die in unserem Leben wichtig waren, ohne dass wir es wussten. Wenn durch Gottes Gnade ein kleiner Zipfel des Schleiers gelüftet wird, der den geistlichen Reichtum dieser demütigen Menschen verdeckt, merken wir in diesem flüchtigen Hinsehen, dass da eine ganze Lehre des geistlichen Lebens verborgen ist, und diese übernatürliche Barmherzigkeit erscheint in einem beispielhaften Licht und ganz anziehend. Ein Moment der Gnade wird einem geschenkt, der einem vielleicht dazu bewegt, dass man jetzt selbst für jemanden betet, ohne dass er es weiß, oder man bringt ein Opfer für ihn. Ganz sachte tritt die Solidarität in unser Leben, die der Gemeinschaft der Heiligen eigen ist.

Und auf diese Weise trägt die beispielhafte Heiligkeit ihre Früchte. Die

Liebe wird weitergetragen, sie dringt von selbst ein. Das erfahrene Beispiel der Liebe weckt in uns den Wunsch zur Liebesweitergabe. Man kann sie nicht einschließen, sie teilt sich mit, sie drückt sich von selbst aus.

Die göttliche Vorsehung gibt uns von Zeit zu Zeit die Gelegenheit, einen Zipfel des Schleiers zu lüften. Als ich Wallfahrtsleiter in Paray-le-Monial war, hatte ich einen engen Mitarbeiter, der schon verstorben ist, von dem ich erst nach seinem Tode erfahren habe, dass er jede Nacht für eine Stunde aufgestanden ist, um für die Fruchtbarkeit der Wallfahrt zu beten. Wie kann man das anders bezeichnen, wenn nicht mit dem Namen der Heiligkeit? Dieser Mensch hat sich auf einen Weg begeben, wo das Gut der Kirche, die Rechte Gottes, das übernatürliche Gut der Menschen Vorrang bekamen.

Wohlgemerkt, alles, was hier über die Heiligkeit gesagt wurde, gilt in besonderer Weise für die Paare, über die wir mit besonderer Aufmerksamkeit diese Unterredungen geführt haben. Bei der ehelichen Heiligkeit gibt es etwas besonders Anziehendes, weil das eine Heiligkeit ist, die durch die Vermittlung der menschlichen Liebe in ihrer auffälligsten und natürlichsten Form geschieht. Aus diesem Grund ist die Beispielhaftigkeit heiliger Ehepaare fundamental!

Unter den kanonisierten Heiligen denke ich an die seligen Louis und Zélie Martin, die Eltern der heiligen Theresia von Lisieux. Sie hatten kein langes, gemeinsames Leben, weniger als zwanzig Jahre, denn Zélie ist relativ früh verstorben. Wenn man ihren Briefwechsel liest, spürt man die große Zärtlichkeit ihrer Liebe, die sich entfaltet und auf alle ihre Kinder übergeht.

Was wäre nicht noch alles zu sagen über die Art der Liebe, die die Philosophen Jacques und Raïssa Maritain vereint hat und über die wir schon gesprochen haben. Es sind keine kanonisierte Heilige, aber aus ihrer Liebe strömt der starke übernatürliche Duft, der ihr Leben als Eheleute empfinden lässt. Es war für sie eine große eheliche Gnade, vollen Sinnes aufgenommen, vertieft und weiterentwickelt in einem außergewöhnlichen Maße; denn Sie wissen, dass die Maritains zu Beginn des letzten Jahrhunderts eine beachtliche Rolle gespielt haben bei der Konversion Dutzender Menschen im literarischen und künstlerischen Milieu der Vorkriegszeit.

Luigi und Maria Beltrame Quattrocchi, die außerhalb Italiens noch wenig bekannt sind, waren das erste Ehepaar, das von Johannes Paul II. seliggesprochen wurde. Luigi war ein bekannter italienischer Jurist in der Zeit zwischen den beiden Weltkriegen. Das Ehepaar war ein Beispiel christlichen Apostolates, das beide Ehegatten in verschiedenen Gesellschaftsschichten entfalteten. Ihr Briefwechsel ist erbauend. Alle Elemente einer ehelichen Spiritualität für unsere Zeit sind darin enthalten. Sie ruhen auf dem römischen Friedhof *Divino Amore*. Sie erlebten ihre drei ersten Kinder nacheinander als Geweihte oder Priester. Sie haben diese Loslösung bei sich fast wie ein Tod der Kinder erlebt und die Einsamkeit angenommen.

Ich möchte auch ein Ehepaar vorstellen, das den Märtyrertod erlitten hat. Es handelt sich um Cyprien und Daphrose Rugamba, die die Gemeinschaft Emmanuel in Ruanda gegründet haben und am 7. April 1994 zu Beginn der Massaker ermordet wurden. Dieses Ehepaar hatte zehn Kinder, sechs davon wurden gleichzeitig mit ihnen in ihrem Haus ermordet. Alle waren zusammen und beteten zu Gott. Ich hatte die Gnade, sie zu kennen. In Ruanda konnte ich bei Befragen derer, die mit ihnen zusammenlebten und sie gut kannten, feststellen, dass sie in ihrem Leben Zeugnis abgelegt haben für einen frohen Einsatz für den Frieden, dabei jegliche Versprechungen der rivalisierenden ethnischen Parteien abgelehnt haben und in diesem Sinne zahlreiche Eingaben gemacht haben an die politisch Verantwortlichen. Sie haben das mit ihrem Leben bezahlt.

Alle diese Beispiele stärken in uns die Hoffnung. Die Hoffnung ist eine wunderbare christliche Tugend. Mir scheint, dass sie auch eine typische Hoffnung der Familie ist. Wenn man das Leben spendet, setzt man einen Hoffnungsakt für die Zukunft. Wenn man erzieht, erzieht man für die zukünftige Selbstständigkeit unserer Kinder, für die man das wirkliche Glück erhofft. Wenn man eine Erziehung, eine Unterweisung weitergibt, erbringt man den Beweis der Hoffnung. Im Herzen des christlichen Ehepaares und der Familie gibt es ein Geheimnis der Hoffnung: eine natürliche menschliche Hoffnung und eine übernatürliche Hoffnung, wenn sie von Gott erfüllt ist. Die Hoffnung trägt die Familie und ihre Mitglieder in die ewige Zukunft. Sie vergegenwärtigt schon die ersehnten Güter. Jeder junge Mensch, der sich auf die Ehe vorbereitet, müsste sich als Botschafter der Überzeugung sehen, dass es eine Zukunft gibt für ihn, für seine Liebe, für seine Familie, für seine Kinder und für die Gesellschaft, zu deren Gemeinwohl er beiträgt. Die Familie, die im Wachsen und Aufbau ist, geht die Wette ein, dass die Gesellschaft, in die sie eingegliedert ist, es auch wert ist, dass man ihr dient und dass konsequenterweise sich die Mühe lohnt, sich da hineinzugeben und da etwas zu investieren. Die Hoffnung ist eine zentrale Tugend. Wir müssen sie für uns selbst erbitten, sie für andere wünschen, die wir lieben und denen wir dienen wollen, ebenso für all diejenigen, die ihre Berufung zur Liebe angenommen haben. Die Hoffnung ist im Herzen einer Kultur der Familie.